KB090236

일연,

베스트셀러를 쓰다

탐 철학 소설 20

일연, 베스트셀러를 쓰다

초판 1쇄   2015년 4월 1일
초판 3쇄   2021년 1월 27일

지은이   염명훈

책임편집   윤정현
마케팅   강백산, 강지연
디자인   땡스북스 스튜디오, 유민경
표지 일러스트 박근용

펴낸이   이재일
펴낸곳   토토북

주소 04034 서울시 마포구 양화로11길 18 3층 (서교동, 원오빌딩)
전화 02-332-6255 | 팩스 02-332-6286
홈페이지 www.totobook.com | 전자우편 totobooks@hanmail.net
출판등록 2002년 5월 30일 제10-2394호
ISBN 978-89-6496-253-4 44100
ISBN 978-89-6496-136-0 44100 (세트)

● 이 책의 사용 연령은 14세 이상입니다.
● 탐은 토토북의 청소년 출판 전문 브랜드입니다.

일연,

베스트셀러를 쓰다

염명훈
지음

20

탐
철학
소설

탐

차례

삼국의 이야기 책

어느 나라나 마찬가지겠지만, 우리 역사를 공부하다 보면 '이때에 태어나지 않은 것이 얼마나 다행인가?' 할 정도로 고통스러운 시기가 눈에 뜨입니다. 주로 나라 밖의 침략으로 수많은 사람이 전쟁터에서 죄 없이 목숨을 잃거나 안의 폭력적인 정치로 힘없는 일반 백성이 목숨 하나 부지하기가 너무나 어렵던 시기들이었습니다. 그럴 때마다 저는 그 비참하고 험난한 시기를 견디어낸 우리의 조상에게 한없이 감사한 마음을 품게 됩니다. 그분들은 쓰러졌으나 다시 일어섰고 짓밟혔으나 생명을 이어 갔기 때문입니다. 그 결과로 지금의 우리가 있는 것이고요.

그렇게 우리 역사의 어려운 시기 중에서도 백성에게 단연 고통스러웠던 때는 아마도 일연스님이 사셨던 고려 중기쯤이 아니었나 생각합니다. 이때는 폭력적인 무신정권의 통치로 전국적인 농민 항쟁이 끊이지 않았으며 빠르고 강력한 군사력으로 세계 역사상 가장 넓은 영토를 차지했던 몽골의 끔찍한 침략이 있었던 시기였으니까요.

일연스님은 말로는 다 못할 그 어려운 시기를 통과하면서 우리에게 이야기책 한 권을 남겨 주셨습니다. 바로 《삼국유사(三國遺事)》입니다. 《삼국유사》를 역사책이라기보다 이야기책이라고 하는 이유는 일연스님 자신도 스스로 이 책에다 '삼국의 역사(三國遺史)'라 하지 않고 세 나라의 여러 일(事)'이라 하셨기 때문입니다.

전 일연스님이 《삼국유사》 속의 약 150여 개 이야기를 통해 영웅처럼 국난을 극복하거나 백성이 나아가야 할 바를 가르치려 했다기보다 당시의 고통 속에 사는 사람들에게 위로와 희망을 주고자 했다고 생각했습니다. 그래서 계집종 욱면이 보살이 될 수 있었고 글을 몰라도 한마음으로 부처님을 모시는 점숭 스님이 주지로 살아갈 수 있었던 것이지요.

이 소설에 등장하는 여러분 또래의 인물들도 아마 그렇게 일연스님의 삶 속에 흔히 만날 수 있었던 가슴 아픈 아이들이었을 것입니다. 축복 속에 태어나지 못한 가초나 사회에 대한 분노로 폭력에 기대려는 생동이나 사회적 경제적으로 소외되어 움츠러든 든금이나 모두 일연스님에겐 안아 주고 쓰다듬어 주어야 할 중생이었습니다.

일연스님이 여러분에게 건네는 이야기를 들어 보세요. 어쩌면 고려의 백성이 겪은 어려움을 이 땅의 중·고등학생 아니면 학교 밖에서 새로운 꿈을 꾸는 여러분이 겪을 수도 있습니다. 그렇다면 한 번쯤 일연스님이 내미는 손을 잡아 보는 건 어떨까요?

이 책은 일연스님의 삶을 밝히려 노력한 책입니다. 《삼국유사》에 어떤 내용이 담겨 있는가보다 그 책을 쓰신 일연스님이 어떤 삶을 사셨나에 주목하고 싶어서 쓴 책이기도 합니다. 그러나 내용의 전개는 삼국유사에 나오는 장들을 따라가고 있습니다. 따라서 이 책을 읽고 나서 《삼국유사》를 다시 한번 찬찬히 읽어 보면 훨씬 도움이 되리라고 생각합니다.

또한, 이 책은 소설입니다. 일연스님과 무극 스님, 충렬왕을 제외하곤 모두 가상의 인물입니다. 그 가상의 인물이 소설 속에서 겪는 괴로움이 이제 이 세상에서 정말 가상으로 끝나기를 바라는 마음 간절합니다.

이 소설에 여러 인물이 등장한 것처럼 이 책을 만드는 데 있어 도움을 주신 제 삶의 중요한 등장인물들이 있습니다. 자유도서관의 김경윤 선생님이 없었다면 이 책은 세상에 나오지 못했을 것입니다. 끝없이 동굴 밖 세상으로 저를 끌어내 호흡의 중요성을 알게 해 주셨습니다. 마찬가지로 언제든 동굴 자체가 되어주려 한 김지영 선생님께도 머리 숙여 고마움을 전합니다. 제가 한발이라도 디뎠다면 김지영 선생님의 응원이 있었기 때문입니다. 언제나 진실한 삶을 보여 주는 송원석 선생님과 이상덕 선생님, 저에 대한 기도가 느껴지는 이경복·이지은 선생님 부부에게도 큰 빚이 있음을 알고 있습니다.

　누구보다 감사한 연로하신 어머님과 제 아이들인 태균, 승욱과도

감사를 나누고 싶습니다. 늦된 어른인 저를 감싸주는 이들과 같이하지 않는 삶이란 제게 없는 삶이기도 합니다.

마지막으로 제 아내 이민주 선생에게 안부를 전합니다. 이 세상 너머에 분명 다른 세상이 있음을 알게 해 준 아내에게 고맙다고 참 많이 고마웠다고 말하고 싶습니다.

그 모든 고마움의 힘으로 이 책이 마련되었습니다. 이 고마움이 글을 읽는 모든 분에게 전해졌으면 합니다. 그렇게 된다면 전 조금이라도 덜 부끄러울 것 같습니다.

염명훈

이 책의 등장인물

일연스님

1206년(희종 2)에서 1289년(충렬왕 15)까지 살았던 고려 후기의 스님. 지금의 경상북도 경산 지역에서 태어나 아홉 살이 되던 해에 고향을 떠나 지금의 광주광역시 부근의 무량사에서 공부했으며 열네 살이 되던 해 설악산 부근 진전사에서 스님이 되었다. 스님이 되기 전 이름은 어머니께 해가 비치는 태몽을 따라 견명(見明)이라 하였다. 목숨을 건 긴 참선과 구도(求道)를 향한 집념으로 젊은 나이에 이름을 떨쳤으며 나중엔 국사(國師)까지 오르게 된다. 스님의 생애는 몽골 침입과 무신 정권의 횡포, 삼별초의 반란 등 끊임없는 중생의 고통과 함께한 시절이었으며 그 환란의 시대를 통과하는 고려 사람들을 위해 일흔이 넘은 나이에 《삼국유사》 편찬에 힘을 기울이게 된다.

이 책에서는 생동, 견명, 가초를 통해 《삼국유사》를 왜 썼는지, 무슨 내용을 썼는지를 드러내고 있으며 주인공들은 일연스님을 큰스님으로 부른다.

든금

무신 집안 노비의 아들로 태어났다. 삼별초의 난 때 주인을 따라 전투에 나선 아버지가 죽고 어머니마저 행방을 알 수 없게 되자 함께 자란 주인집 도련님 생동과 생활을 같이한다. 일연스님의 손에 이끌려 행자 생활을 시작하지만 늘 자신 없고 움츠려 있다. 그림에 소질이 있어 사미승이 된 후에는 탱화를 그리게 된다.

생동

무신 정권 당시 고위 무관의 아들로 태어났다. 무예를 좋아하고 성격이 강직하다. 삼별초의 난에 참여한 아버지가 전사하고 어머니마저 목숨을 빼앗기자 몽골에 대한 적개심으로 무술 연마에 온 힘을 쏟는다. 노비의 아들인 동갑내기 든금과 같이 일연스님을 따라 절에 들어오게 되나 불교와는 맞지 않는 태도로 크고 작은 문제를 일으킨다.

가초

몽골 침략 당시 고려에 쳐들어온 몽골 장수 아버지와 고려인 어머니 사이에서 태어났다. 아버지가 1차 일본 정벌에서 태풍에 목숨을 잃은 후 어머니와 떠돌다 일연스님께 몸을 의지하게 된다. 어려서부터 몽골인 아버지에게서 배운 유목민의 말과 글을 이용, 일연스님이 《삼국유사》를 짓는 데 도움이 된다.

무극

일연스님의 제자.《삼국유사》편찬에 깊이 관여하여《삼국유사》가 무극이란 스님의 작품이란 가설까지 나올 정도였다. 원칙을 지키고 의리를 중요시하는 인물로 일연스님의 말년을 지키며 끝까지 일연스님의 편에서 일을 돕는다.

이 책의
등장인물

충렬왕(忠烈王, 1236~1308, 재위 1274~1308)

마흔이 다 된 나이에 몽골 공주와 새로 결혼하게 되면서 최초로 충(忠)자를 붙인 굴욕의 왕이 되었다. 처가인 몽골의 압력 속에 자기 뜻을 펼치지 못하자 술과 사냥에 빠져들어 정치를 등한시한다. 일연스님을 존경하여 국사로 봉하고 속마음을 드러내지만, 일연스님의 바른 충고에는 귀를 닫는다.

1

하늘에서
시작된 자는
모두 귀하다

선방의 초롱불은 꺼졌지만, 보름을 향해 가는 달 덕분에 방안은 불을 켰을 때와 별 차이가 없었습니다. 온종일 장작을 패고 눈을 치우느라 고단했던 작은 스님들은 벌써 고른 숨소리를 내며 깊은 잠으로 빠져들고 있었습니다. 아침 공양[1]이 끝나자마자 시작된 눈은 어디선가 많이 들어본 소리를 내며 여전히 쌓이고 있었습니다.

'눈이 내는 소리라.'

바람 없이 곧게 곧게 내리는 눈도 소리를 내는구나 하고 생동은 생각했습니다. 그러나 지난 늦가을 일연스님 손에 이끌려 이곳 운문사에 들어와 산속에서 첫 겨울을 맞는 생동에게 눈 내리는 소리는 이상하게 낯설지 않았습니다.

'어디서 듣던 소리지?'

'참선에 들기 전 큰스님이 조용히 혼자 읊으시던 염불 소린가?'

그러다 문득 생동은 그 소리가 어릴 적 어머니가 내시던 소리와 아주 비슷하다는 것을 깨달았습니다. 무서운 꿈에 시달리다 깨어 어머니 품속으로 파고들면 말없이 등을 토닥여 주시던 소리, 새벽이면 아침밥을 짓기 위해 조심조심 부엌으로 나가시며 내던 치마 소리.

갑자기 누가 잡아당긴 것처럼 코가 매워지고 얼굴이 뜨거워지려는 걸 억지로 참으며 생동은 조용히 몸을 일으켜 옆자리에 누운 든금을 흔들었습니다.

"일어나⋯⋯."

"울었어요?"

생동이 깨울 걸 알았다는 듯 든금이는 반짝 눈을 뜨고 주위를 둘러보며 작지만, 맑은소리로 물었습니다.

"무슨 소리야? 울기는 누가."

"그럼, 고뿔이라도 걸린 거예요? 그렇게 몸이 덜덜덜 하고 목이 수세미로 막힌 수챗구멍 같을 때는 좀 쉬는 게⋯⋯."

"너, 이렇게 뻔한 꾀를 부릴 거야? 내가 네 속을 모를 줄 알아?"

"아니, 생각을 좀 해 보세요. 눈이 이리 오면 풀 뜯는 짐승들이 먹을 걸 찾아 내려올 거고, 그럼 그걸 잡아먹으러 큰 짐승들도 따라 내려올 텐데."

"스님들 다 깨시겠다. 딴소리 말고 얼른 나와."

눈은 잦아들어 사위는 조금 밝아졌지만 이미 길은 눈에 덮혀 앞서 가던 생동은 어느 길이 맞는지 머뭇거리고 있었습니다. 밤에는 처음인데다 눈까지 내린 산은 밝을 때 나무하러 오르내리던 산과는 아주 달랐습니다. 생동이 멈칫거릴 때마다 뒤따르던 든금은 울상이 되었습니다.

"도대체 잡아 놨다는 좋은 자리가 어디예요? 도련님, 이곳 호거산이 왜 호거산인 줄이나 아세요? 호랑이가 발톱을 세우고 웅크리고 있다고 해서 호거산이래요. 호랑이만 무서운 줄 아세요? 낮에는 코빼기도 안 보이다가 밤만 되면 활개치고 다닌다는 깜깜이네 패거리들도 무섭기로는 호랑이 못지않대요."

그 얘기는 생동이도 익히 아는 얘기였지만 생동은 짐짓 다른 얘기를 들이대며 센 척해 보였습니다.

"너 내가 그 도련님 소리하지 말랬지? 누가 듣기라도 하면 어쩌려고 그래? 그리고 너나 나나 우린 이미 죽었던 목숨이야. 오랑캐 손아귀에서도 살아 나온 우리가 그깟 미물인 호랑이가 두렵겠니? 아니면 그 무식한 산적 놈들이 무섭겠니?"

"호랑이가 미물이면 독수리는 병아리고, 고래는 멸치겠네. 그리고 사람은 무식할수록 무섭다는 걸 모르시나."

"뭐?"

"아니, 죽을 뻔했으니까 목숨이 더 귀한 걸 아는 거죠. 도련님은 도대체 토끼도 아닌데 간을 어디 밖에다 내놓고 다니세요? 난 아까부터 오금이 저리고 오줌이 찔끔찔끔 나올 판이구먼."

생동은 자라처럼 목을 움츠리고 잔뜩 겁먹은 눈으로 주위를 둘러보며 징징대는 든금이의 지청구를 못 들은 척했습니다. 당장 급한 건 몰래 무예를 단련하려고 며칠 전부터 나무하며 점찍어 둔 장소를 찾을 수가 없다는 것이었습니다. 선방에서 나올 때 하늘 꼭대기에 걸려 있던 달은 벌써 두 뼘 넘게 기울어져 이러다 수련은커녕 새벽 예불에도 늦을 판이었습니다.

"도련님, 전 발이 시려워 이제 디뎌도 어딜 디디고 있는지 모르겠습니다. 정말 죽겠다고요."

생동은 이왕 이렇게 된 마당에 수련은 접어 두더라도 든금에게 아금박스럽게 이름 부르는 얘기를 매조 지어야겠다고 생각했습니다. 마침 얕은 동굴처럼 나뭇가지가 겹쳐 지붕을 이루는 곳이 보였습니다. 생동은 별로 쌓이지 않은 눈을 발로 쓱쓱 치운 후 든금을 앉게 했습니다.

"든금아, 잘 들어. 다시 한 번 얘기하지만 이제 난 도련님이 아니야. 너는 우리 집 종이 아니고. 아버지와 삼별초 어르신들이 진도에서 목숨을 잃으시고 내가 몽골 놈들에게 붙잡혀 말똥을 치울 때부터 나는 장군의 아들이 아니었다구. 너 역시 마찬가지야. 만약 네가 자꾸 나한테 도련님, 도련님 했다가는 결국 우리 집안이 삼별초에 관련된 것을 사람들이 눈치채게 될 거고 그러면 너나 나나 그때는 정말 죽은 목숨이야. 이렇게 창칼 닦기를 해 온 것도 다 소용없는 짓이 되고 더군다나 우리 목숨을 구하려고 애쓰신 큰스님께는 씻지 못할 폐를 끼치는 거라구."

"그래도⋯⋯."

"우리 목숨이 달린 일이라니까. 그리고 스님이 해 주신 얘기를 잘 생각해 봐. 세상 만물은 다 하나하나 하늘을 품고 있다는 말씀. 그러니 너도 하늘, 나도 하늘. 더구나 우린 같은 해에 태어났으니 친구인 거야. 알겠지? 지금까지 아주 잘해 왔어. 이젠 정말 사람들이 없는 곳에서도 나를 도련님이라 부르면 안 돼."

"네. 아니⋯⋯ 응."

다짐을 받아낸 생동은 다시 달이 어디쯤 있는지 올려다보았습니다. 새벽 예불 시간이 다가오고 있었습니다. 더는 산속에 있을 시간이 없었습니다. 부지런히 내려가지 않으면 둘이 없어졌다는 건 금세 알려질 것이고 호랑이, 산적보다 무서운 무극스님께 된통 꾸지람을 들을 건 뻔한 일이었습니다. 더구나 무극스님은 일연스님을 모시고 있으니 자신들의 얘기가 바로 흘러들어 가면 생동이 좋아하는 나무하는 일이 금지되는 건 물론이고 꼼짝없이 절 안에 갇혀 해우소(절의 화장실을 가리키는 말)를 몇 달 치워야 할지도 몰랐습니다. 아니 그나마 목숨 붙이고 있는 이 운문사에서 쫓겨날 수도 있었습니다.

　마음은 급해지는데 이번에는 내려가는 길을 찾을 수 없었습니다. 달빛은 기울었지만, 아직 동은 트지 않아 눈에 덮인 산은 어디가 길인지, 어디로 가야 할지 전혀 알려 주지 않았습니다. 더구나 눈이 다시 내리기 시작하면서 그나마 길에 남았던 둘의 흔적이 지워지고 있었습니다. 힘들게 등성이를 하나 넘으면 절벽이 가로막고 아니다 싶어 되돌아오면 처음 보는 곳이었습니다. 몇 겹 되지 않는 옷 속으로 파고든 눈은 이제 손이며 발을 내 것이 아닌 것처럼 얼리고 있었습니다. 뒤따르는 든금은 이제 투덜거리기는커녕 입을 여는 것도 힘들다는 듯 겨우 따라붙으며 거친 숨만 내뱉고 있었습니다.

'예불은 고사하고 이러다 얼어 죽겠다.' 불현듯 이런 두려움에 휩싸이자 길 찾기는 더욱 힘들어졌습니다. 아니 길이 눈앞에 보이더라도 이젠 걸을 힘조차 남아 있지 않았습니다.

'이러면 안 되는데…… 이러면 안 돼. 내가 무예를 다 익히기도 전에 쓰러지면 안 돼. 두 분의 원수를 갚기 전에 이렇게 쓰러지면 안 돼……'

하지만 생동의 몸은 이미 말을 듣지 않았습니다. 뒤돌아보니 몇 걸음 떨어진 곳에 웅크리고 있는 든금도 움직이질 않았습니다. 그렇게 정신을 잃어 가면서도 생동의 귀에는 눈 내리는 소리가 또렷이 들려왔습니다. 어머니가 어린 생동의 어깨를 토닥이듯이 눈은 자분자분 생동에게 쌓이고 있었습니다.

'아, 편하다. 좋다. 어머니, 어머니……'

생동이 다시 눈을 떴을 때 제일 먼저 든 생각은 왜 나를 안 깨우고 다들 나간 거지? 하는 의문이었습니다. 둘러보니 작은 스님들과 같이 쓰는 넓은 방안은 깨끗하게 정리되어 있었고 자기와 든금이만 덩그러니 이불 속에 누워 있었습니다. '늦었다. 얼른 나가 봐야지.' 하는데 문득 눈 속에서 길을 잃고 정신까지 잃은 자신이 생각났습니다. 그런데 몸은 신기할 정도로 멀쩡하고 오히려 잠을 푹 잔 듯 개운했습니다. '어찌 된 일이지? 어떻게 내가 지금 여기 누워 있는 거지?' 생동은 아무리 생각해도 기억이 나지 않았습니다. 그때 밖에서 인기척이 나며 문이 열렸습니다. 일연스님과 무극스님이었습니다.

"일어났느냐?"

"네, 무극스님."

생동은 여전히 잠들어 있는 든금을 툭 치며 얼른 일어나 자세를 고쳐 앉았습니다. 이제 곧 불호령이 떨어지겠구나 하는데 다른 목소리가 들려왔습니다.

"그냥, 누워 있어라. 든금이도 내버려두고. 지금은 몸이 개운한 듯하겠지만, 몸속의 한기는 더 있어야 빠질 거다."

"네, 큰스님."

머리는 물론 눈썹까지 하얀 일연스님은 엄한 얼굴로 생동에게 무언가 말하려는 무극스님의 입을 막고는 생동의 머리맡에 조용히 앉으셨습니다.

"무엇을 보았느냐?"

"……."

"원하는 것을 찾았느냐?"

"……."

일연스님 말씀대로 이불 밖으로 잠깐 나갔을 뿐인데 갑자기 온몸이 찬물에 빠진 듯 저려왔습니다. 그래도 생동은 스님의 물음을 놓치지 않으려 애썼습니다. 하지만 마땅한 대답은 떠오르지 않았습니다. 답을 떠넘기기라도 하려는 듯 옆에 누운 든금을 힐끗 보았지만 든금은 여전히 눈을 감은 채 꼼짝 않고 누워 있을 뿐이었습니다.

"칼, 주먹으로 네가 원하는 것을 가질 수 있다고 생각하느냐?"

'큰스님께서는 모든 걸 알고 계시는구나.'

생동은 일연스님을 속일 수 없다는 생각에 맥이 탁 풀렸습니다. 그러나 반대로 이왕 이렇게 된 마당에 속 시원히 일연스님께 모든 걸 말씀드리면 본격적으로 무예 수련을 할 수도 있겠다는 생각이 들었습니다.

"원하는 걸 가질 수 없더라도, 소중한 것을 빼앗기지는 않을 겁니다."

"어허, 이놈이……."

무극스님이 다시 한 번 눈을 부릅뜨자 일연스님은 손을 들어 말을 막았습니다.

"무극은 가서 따뜻한 차라도 내 오시게. 이 아이와 이야기가 길어지겠는걸."

"하지만 큰스님. 아무리 어리고 배운 것 없다 하나 마음마저 저리 거친 아이에게 큰스님 귀한 말씀이 무슨 소용이 되겠습니까? 돼지에게 진주를 주시는 것과 같습니다."

"무극, 난 더러운 돼지라도 진주가 필요한 일이 있다면 얼마든지 줄 수 있네. 지금 자네가 날 돕고 있는 일이 무엇인가? 옛 세 나라의 이야기를 모으고 그 이야기의 뜻을 찾아 지금의 사람들에게 맞게 깎고 맞추는 일이 아닌가? 그럼 그 이야기들이 왜 필요한 것이며 내가 일흔이 넘은 나이에 왜 그 길고 긴 일을 하고 있다고 생각하는가? 바로 이런 아이들을 위해서라네. 온 마음에 상처뿐인 이 나라 백성을 위해서라네. 조금이라도 약이 될까 하여, 붕대가 되어 감싸줄 수 있을까 하여서 하는 일이라네.

자네 생각대로 자격이 있는 사람들, 어찌 보면 왕과 귀족들만 보라고 하는 일이 아니네. 비단옷을 몸에 두르고 높은 가마에 앉아 향기로운 술을 들고 있는 그들도 결국은 부처님 앞에서 흩어지는 연기와 같은 어리석은 중생이며 더러운 죄를 묻히고 사는 돼지일 뿐이니 이 땅의 모든 백성과 다르지 않네. 그러니 나는 우리가 하는 이 일이 설혹 진주를 만드는 일이라 하더라도 누구도 가리지 않고 그것을 줄 생각이네. 그래서 책 만드는 일을 시작한 것이라네."

무극스님이 붉어진 얼굴로 허리를 깊이 숙여 합장한 후 나가자 일연스님은 생동과 든금의 이마를 번갈아 짚으시며 무언가 생각에 빠져들었습니다. 이윽고 일연스님은 손을 거두며 생동을 그윽하게 내려 보셨습니다.

"생동아."

"네."

"내가 거지 몰골을 하고 길바닥에서 싸움질을 일삼던 너를 이곳에 데려온 이유가 무엇이라 생각하느냐?"

"그야 그냥 저와 든금이가 불쌍하니까……."

"아니다. 난 너희 둘의 마음에 무엇이 있는지 보았기 때문이다. 넌 분노와 복수에 사로잡혀 있으면서도 결코 너보다 약한 이에게는 덤벼들지 않았고 든금이는 제 신분이 미천하다고 주눅이 들어 있으면서도 남에게 기대거나 구걸하지 않으려는 의지가 있었기 때문이다. 그건 중이 되기 위해 꼭 필요한 마음 중의 하나지."

생동은 자기 마음은 물론 든금이의 출신까지 알고 있는 일연스님이 놀라웠습니다. 그러나 한편으론 자신들이 어디에서 왔는지, 무얼 하고 지내왔는지 일연스님이 알고 계신다면 이곳에서도 오래 있을 수 없겠다는 불안이 밀려왔습니다.

"걱정은 접어 두거라. 내가 너희의 일을 다른 이에게 말할 일은 결코 없을 테니까. 다만 내가 너희 둘에게 하고 싶은 이야기는 이것이다. 너희는 예전이나 지금이나 부처님과 같이 값진 존재라는 것을. 그렇게 귀한 존재들이 마음속에서 칼을 키우면 안 된다는 것을 말이다. 마음속의 칼을 꺼내 남을 찌르려면 칼은 먼저 나를 뚫어 버리게 되는 것이다."

"그렇지만 스님. 왕은 제 백성을 벌레보다 못하게 대하고 높은 자리의 신하들은 자기 자리를 지키는 데만 골몰해서 몽골 오랑캐 눈치나 보면서 세상에 온갖 더러운 냄새를 풍기고 있습니다. 썩은 부분은 아무리 좋은 약초를 쓴다 해도 낫지 않습니다. 날카로운 칼로 베어 내는 것이 다른 부분을 위해서도 가장 빠르고 좋은 방법입니다."

"그렇다. 칼을 써서 썩은 걸 자른다는 것은 목숨을 살리려 할 때 하는 일이다. 그러나 네가 준비하는 칼이 과연 살리기 위한 칼인지, 죽이기 위한 칼인지 잘 생각해 보거라. 무엇보다 칼끝이 너 자신에게 향하고 있지는 않은지, 너를 살릴 수 있는 칼인지를 말이다."

생동은 일연스님의 이야기를 알아들을 수도, 받아들일 수도 없었습니다. 그러나 마땅한 대꾸를 찾기도 전에 지난밤에 얼었던 몸이 풀리나 싶더니 이제는 온몸이 불덩이처럼 뜨거워지기 시작했습니다. 생동의 얼굴에 열꽃이 피며 눈빛이 흐려지자 일연스님은 일어서며 말씀하셨습니다.

"몇 번이나 가 보았던 산에서 길을 잃었다지?"

"……"

"산에서 길을 잃지 않으려면 힘들다고 발끝만 보아서는 안 된단다. 가끔 고개를 들어 가려는 봉우리를 올려다보고 이 길이 그리로 향하는지 혹시 다른 길로 접어들지는 않았는지 확인해야 한다. 반대로 산에서 내려올 때 길을 잃으면 계곡의 물을 따라 내려오면 된다. 아래로 흐르는 물은 결국 모두를 만나게 해 주지. 하지만 오를 때나 내려올 때나 길을 갈 때는 칼보다 지팡이가 더 소용 있는 법이다."

생동은 '아닙니다. 아니라고요.' 하고 소리치고 싶었지만, 무엇인가가 가슴에 꽉 막혀 입 밖으로 말이 나오지 않았습니다. 이윽고 들어온 무극스님이 내밀어 준 차를 한 모금 넘기기 무섭게 생동은 다시 깊은 잠에 빠져들었습니다.

생동과 든금은 일연스님이 다녀가시고 며칠을 더 앓았습니다. 마침내 열이 내리고 몸을 움직일 수 있게 된 둘은 자리를 털고 일어나 다른 행자들과 마찬가지로 절에 필요한 여러 일에 매달렸습니다. 해는 조금씩 길어졌고 낮 동안엔 바람 끝이 무뎌져 봄이 올 때가 머지않았음을 알 수 있었습니다.

생동과 든금이 산속에서 죽을 고비를 넘기고 돌아온 후에도 이들 생활에 변한 건 없었습니다. 생동은 자신들이 어떻게 돌아왔는지 궁금했지만 아무도 말해 주는 사람이 없었고 든금은 생동과의 약속대로 천연덕스레 말을 놓았지만 묻는 말에만 답할 뿐 깊은 생각에 빠져 먼저 말을 걸지는 않았습니다. 밤이면 행자들을 모아 돌아가며 불경을 가르치던 작은 스님들도 이상하게 생동과 든금을 피하는 눈치였습니다. 한바탕 야단을 치실 것 같던 무극스님도 마주쳐도 별다른 말씀이 없었습니다.

든금은 생동과 달리 이런 주위 공기가 몹시 불편했습니다. 마치 받아야 할 벌을 미루고 있는 듯해서 더 불안한 하루하루였습니다. '차라리 얼른 혼나고 말지.' 든금은 무극스님을 찾아가 받을 벌이 무엇인지 물어보기로 했습니다.

노비의 자식으로 태어나 주인을 따라 전쟁에 나선 아버지를 잃고 어머니는 생사조차 모르는 채 생동과 같이 오랑캐에게 붙잡혀 그들 손아귀에서 안 해 본 일이 없는 든금에게는 절 밖으로 나가라는 얘기도 두렵지 않았습니다. 무엇보다 이번에 생동 손에 이끌려 나갔다가 한 번 더 죽을 고비를 넘기자 이젠 제 목숨이 제 것이 아닌 것 같았습니다. '이깟 노비 목숨. 막살아도, 아니 개처럼 복날에 맞아 죽어도 아무도 모를 천한 목숨……'

저녁 공양을 마치고 절 마당 석등에 불이 들어오자 든금은 무극스님의 처소로 향했습니다. 절에서 떨어진 작은 암자에서 일연스님을 모시는 무극스님을 찾아가는 길은 그리 어렵지 않았습니다. 눈이 얼었다 녹았다 하면서 질어진 길을 피해 처소에 다다르자 암자 처마 끝 풍경 소리에 섞여 간간이 독경 소리가 들려왔습니다.

사리자(舍利子)[2]

색불이공 공불이색(色不異空 空不異色)

색즉시공 공즉시색(色卽是空 空卽是色)

수상행식 역부여시(受想行識 亦復如是)

사리자여!

눈에 보이고 손에 잡히는 것은, 보이지 않게 존재하는 본질적인 이치와 다르지 않고, 텅 빈 듯한 그 본질도 눈에 보이는 것과 다르지 않으니. 보이는 세계는 보이지 않더라도 본래부터 있던 근본 이치의 세계이며, 비어 보이는 근본 세계는 곧 우리가 보고 만지는 모양의 세계인 것이다. 느끼고 생각하고 행동하고 공부하는 모든 것이 이와 같다.

아제아제 바라아제(揭帝揭帝 波羅揭帝)

바라승아제 모지사바하(波羅僧揭帝 菩提娑婆訶)[3]

가세나, 가세나 저 열반과 피안의 세계로 가세나 깨달음을 얻은 중생들이여.

비구니 스님이 계신가 할 정도로 경을 읽는 소리는 맑고 고왔습니다.

분명 무극스님의 굵고 낮은 소리는 아니었습니다. 더구나 목탁 소리가 섞이지 않는 것으로 보아 스님이 하는 염불은 아닌 듯했습니다. 그렇지만 든금은 조심스러운 마음에 큰 소리를 낼 수는 없었습니다.

"스님, 무극스님."

다시 시작되려던 염불이 뚝 멎더니 문이 열렸습니다. 불빛을 등지고 파랗게 깎은 민머리가 나타나자 든금은 얼른 고개를 조아렸습니다.

"든금이 왔느냐?"

'네. 스님' 하려는 순간 든금은 무언가 이상해 고개를 번쩍 들었습니다.

"야, 너 가초."

"야라니? 행자 주제에 어디 사미계[4]를 받은 스님에게 말을 오이 잘라먹듯 하는 게냐?"

말은 그렇게 했지만 얼굴엔 장난기가 가득했습니다. 든금은 생글생글 웃고 있는 가초에게 욕을 한 바가지 퍼부을까 하다가 혹시 방 안에서라도 무극스님이 듣고 있을까 해서 고개를 빼고 가초 넘어 방 안을 힐끔 훑어보았습니다.

"큭큭. 무극스님은 큰스님 심부름으로 마을에 내려가셨어. 그러니까 그 덜덜거리는 다리 좀 진정시키게 이리로 와서 좀 앉아."

든금과 생동이 처음 절에 왔을 때 가초 역시 머리를 깎지 않은 행자였습니다. 가초는 얼굴이 검고 눈썹까지 짙어 나이도 훨씬 들어 보이고 마치 다른 나라 사람처럼 보였지만 먼저 들어온 텃세도 없이 생동과 든금에게 오랜 친구처럼 스스럼없이 대해 주었습니다. 절 안에서 지켜야 할 여러 가지 규칙과 몸가짐도 모두 가초가 알려 주었습니다. 가초 덕분에 절 생활에 빨리 익숙해질 수 있었던 든금은 처음부터 살갑게 대해 주는 가초가 고마웠지만, 생동은 가초의 친절에도 왠지 달갑지 않은 표정으로 퉁명스레 대하곤 했습니다.

"저 녀석, 왠지 기분 나빠. 꼭 뭔가를 숨기고 가면 뒤에서 우리를 놀리는 느낌이라고."

"왜 그래요? 내가 볼 때 지금 이 절에서 들어온 지 얼마 안 되는 우릴 도와주는 건 가초 하나라고요. 저번에 스님들 옷을 잘못 빨아 경을 칠 뻔했을 때도 가초가 감쪽같이 다려서 겨우 넘어갔고, 반야심경 검사를 통과할 수 있도록 도와준 것도 가초라고요. 그리고 뭔가를 숨기는 건 우리도 마찬가지 아니에요?"

"난 몰라. 하여튼 저 녀석은 나랑 뭔가 전생부터 꼬인 느낌이야. 그러니 너도 조심해. 괜히 헤헤거리면서 간도 빼 줄 것처럼 굴지 말고."

가초는 어른스런 생김새처럼 행동도 다른 행자들을 이끌 만큼 모든 면에서 빼어났습니다. 스님들이 외우라고 시킨 반야심경, 천수경, 초발심자경문 등 불경이란 불경은 누구보다 먼저 외워 버렸고 심지어는 힘찬 글씨로 그 어려운 경문을 써 내려갈 수도 있었습니다.

가끔은 일연스님께 불려 가 낯선 책의 글자를 알려드리기도 하고, 승려들이 모두 힘을 합해서 일하는 울력을 나가서는 웬만한 스님 둘이 할 일을 혼자 할 정도로 손이 빠르고 야물어 스님들의 귀여움을 독차지했습니다. 그래서 지난 대보름 큰 예불에서 먼저 들어온 행자들을 모두 제치고 가초 홀로 사미계를 받았습니다. 사미계를 받던 날, 일연스님은 가초에게 이미 흰머리가 반인 무극스님을 도와 당신 곁에서 일을 도우라는 소임을 주었습니다.

"아니, 이렇게 훌륭한 사미스님께서 어찌 아직도 반야심경을 외우고 계시나? 그건 나 같은 행자들이나 외우는 제일 기본 아니던가?"

"어이구, 저 남쪽 바다에 가면 성질 급하고 속 좁은 밴댕이란 물고기가 있다더니 혹시 너랑 같은 고향 아니냐?"

바다가 고향이냐는 말에 든금은 속으로 깜짝 놀랐습니다. 강화도에서 태어나 코 흘리던 시절을 바닷가에서 보낸 든금에게 고향은 숨겨야 하는 비밀이었습니다.

"무…… 무슨 소리야? 바다라니. 난 태어나 지금까지 짠 냄새도 제대로 맡아 본 적이 없다구."

"놀라기는. 누가 뭐래? 그나저나 여기는 웬일이야?"

모든 것을 다 알고 있는 듯하면서도 아무것도 모르는 듯 보이는 가초의 눈빛은 오히려 든금의 마음을 놓게 하였습니다.

"그게 말이야⋯⋯." 하는데 갑자기 가초가 개구리 뛰듯이 벌떡 일어나 고개를 조아렸습니다. 어느새 오셨는지 일연스님이 든금의 바로 뒤에 서 계셨습니다.

"아직 날이 찬데 든금이 몸은 다 나았느냐?"

"네, 큰스님. 큰스님 덕분에 한참 전 일이 되었습니다."

"마침 잘 왔다. 가초는 무극스님이 시킨 일을 마저 하고 든금이는 내 방으로 들어오너라."

일연스님은 든금이 태어나기도 전에 나라에서 가장 높은 스님인 대선사로 받들어지고 왕에게도 직접 설법을 하실 정도로 유명하셨습니다. 그런 스님이 머무르시는 곳이라고는 믿을 수 없을 정도로 방안은 작고 검소했습니다. 창 밑에 쌓인 많은 책과 무언가 쓰시다 만 듯한 종이들을 빼고는 물건이라 할 만한 것들도 눈에 띄지 않았습니다.

"내가 전에 했던 말은 잘 새기고 있느냐?"

"네? 큰스님께서 언제 저에게 무슨 말씀을⋯⋯."

"든금아, 사람이 감출 것이 많으면 자연스레 거짓을 말하게 된다. 거짓을 입 밖에 내면 다시 감출 것이 생기는 법이고. 너와 생동이가 쓰러져 돌아온 다음 날, 내가 너희 둘 모두에게 해 준 말이 있지 않더냐?"

'쓰러져 돌아오다니? 쓰러진 사람이 어떻게 돌아온다는 말이지? 그럼 정신을 잃은 우리를 절로 데려온 사람이 누군가 있다는 말씀이신데, 그게 누구지?'

아무도 말해 주지 않는 그날의 일이 궁금해 당장 여쭙고 싶었지만 자기가 사실은 아픈 척, 잠든 척하면서 스님 말씀을 다 듣고 있었다는 걸 알고 계신 것에 더 놀라 든금은 말문이 막히고 말았습니다.

"잘 모르겠습니다. 저같이 천한 놈이 어찌 큰스님의 뜻을 모두 헤아리겠습니까?"

"천한 놈이라……. 그럼 너는 혹시 네 할아버지 정도 되는 만적이라는 '천한 놈'이 개경에서 난[5]을 일으키면서 했던 말은 알고 있느냐?"

든금은 '만적'이란 소리에 가슴이 철렁 내려앉았습니다.

만적. 노비들의 생활은 언제나 고되고 언제 어떻게 어디로 팔려나가 피붙이와 생이별을 해야 할지 몰랐습니다. 만적은 그들에게 한때는 횃불 같은 이름이었고 희망 같은 구호였습니다.

'왕후장상의 씨가 따로 있겠는가?'

만적이 외쳤다는 이 말을 모를 리 없었습니다. 시답지 않은 일로 매질을 당하고 온 아버지가, 옷고름은 풀어지고 머리는 헝클어져 허둥지둥 돌아온 어머니가 땅을 치고 벽을 쥐어뜯으며 삼키던 그 소리를 모를 리 없었습니다.

생각이 여기에 이르자 든금은 눈물을 참을 수 없었습니다. 주인을 위해 목숨 바친 아버지가, 이 겨울 어디서 어떻게 지내고 있는지 알 수 없는 어머니가 가여워 꺽꺽 울었습니다.

그렇게 한참을 울고 있는 든금을 일연스님은 아무 말씀 없이 보고만 있으셨습니다. 든금은 자신이 울고 있는 곳이 일연스님 앞이고 제 울음을 가초가 들을 수도 있다는 생각이 들고 나서야 천천히 눈물을 멈추었습니다. 그제야 일연스님은 말씀을 이으셨습니다.

"노비의 삶도 그 주인들의 삶처럼 귀하고 값진 것이다. 만적의 말은 알고 있으면서 그 뜻은 헤아리지 못하는 것이냐? 왕이나 큰 땅과 벼슬을 지닌 제후들이나 큰 칼을 찬 장군들이나 조정의 높은 신하들이나 모두 땀 흘려 일하는 백성, 노비들과 다르지 않다는 이야기 아니냐? 만적은 이유를 말하지 않았지만 난 그 까닭이 고려의 모든 사람은 전부 하늘에서 시작된 사람들이기 때문이라고 생각한단다. 너 역시 하늘에 뿌리를 두고 있는 귀한 존재이고."

"……."

"자, 들어 보거라. 하늘에서 내려 준 알에서 태어난 신라의 처음 임금 혁거세는 아이영과 혼인하여 두 번째 왕 남해 차차웅을 낳았다. 남해 차차웅은 운제부인과 혼인하여 세 번째 왕 노례 이질금 과 딸인 아로부인을 얻었다. 아로부인은 네 번째 왕인 석탈해 이질금과 혼인하였으며 다섯 번째 왕인 파사 이질금은 세 번째 왕 노례 이질금의 아들이다. 신라의 천 년 역사는 그렇게 이어졌다.

고구려 또한 다르지 않다. 세상을 다스리는 천제의 아들 환웅은 그가 살던 하늘에서 내려와 한때 곰이었던 이 땅의 여인과 부부로 맺어져 우리 시조 단군을 낳았으며, 단군의 아들이 고구려를 세운 동명왕이다. 동명왕은 예씨 부인과의 사이에서 두 번째 유리왕을 낳았고 세 번째 왕 대무신왕은 유리왕의 셋째 아들이다. 대무신왕은 네 번째 왕인 민중왕과 다섯 번째인 왕인 모본왕을 낳았다. 그렇게 고구려는 이어졌다. 그 고구려에서 가지 나온 백제 역시 왕들의 역사가 크게 다르지 않다.[6]

이제 다시 너를 돌아보거라. 하늘에서 시작되어 지금까지 이어지는 왕들처럼 너 역시 너의 아비·어미와 그 아비·어미를 낳은 할아비·할미 또 그분들을 낳은 부모들을 거슬러 올라가면 그 왕들의 하늘에서 모두 모이게 된다. 같은 출발점에 모인다는 말이다. 왕처럼 제후처럼 장군처럼 재상처럼 말이다. 그러니 네가 스스로 천하다 천하다 하는 것이 얼마나 어리석은 일이겠느냐. 너의 뿌리는 하늘에 닿아 있고 너의 핏줄기는 그렇게 오래 이어져 온 것이다. 너 하나가 세상에 생기기 위해서 얼마나 큰 인연들이 질기게 엉키어 왔는데 자신을 그렇게 진창으로 처박는 것이냐.”

든금은 처음 듣는 옛 왕들의 족보를 모두 이해할 수는 없었습니다. 다만 만적이 죽음을 각오하고 외친 말이 틀린 말은 아니라는 것, 그래서 자신도 이렇게만 살 수는 없다는 생각이 스쳐 갈 뿐이었습니다.

"든금아, 다시 한 번 얘기하마. 너는 생동이와 겨누는 방향만 다를 뿐 너 역시 사람을 다치게 할 칼을 품고 있다. 생동이의 칼이 다른 이를 향하고 있다면 너는 자신을 겨누고 찌르고 있구나. 그래서 상처 나고 피 흐르는데 고개를 돌리고선 그래도 된다고 생각하고 있구나. 속세 사람들이 무심히 벌레를 밟듯 너도 그렇게 으깨져도 된다고 생각하고 있구나.

아니다. 아니다. 하늘에서 시작된 사람은 누구나 하늘 같은 값어치를 지니고 있다. 그게 누구든 사람을 찌르려는 칼로는 네 마음을 고칠 수도 세상을 바꿀 수도 없다는 걸 꼭 기억해야 한다."

일연스님은 무언가를 더 말씀하시려다 밖에서 인기척이 나자 바로 말씀을 멈추었습니다. 문을 열자 아침 일찍 어두운 얼굴로 나갔던 무극스님이 꽁꽁 언 얼굴을 하고 일연스님께 무언가 긴히 드릴 말씀이 있는 듯한 표정으로 서 있었습니다. 눈치 빠른 든금은 일연스님이 무극스님에게 시킨 심부름이 무언가 잘못되었다는 것을 알 수 있었습니다.

얼른 자리를 물러 나온 든금은 가초에게 따로 인사를 전하지도 않고 곧장 숙소로 향했습니다. 길은 여전히 질었지만 든금은 왠지 몸이 가벼워 발밑을 보지 않고 멀리 절 마당의 석등에 눈을 두고 똑바로 걸어갔습니다. 그 길을 계속 가면 결국엔 하늘에 닿을 것만 같았습니다. 일연스님 말씀대로 모두가 똑같이 시작된 그 길을 끌려가지 않고 앞장서 걷는 것만 같았습니다.

[1] 供養. 본래 공경하는 마음으로 부처님이나 조상, 스승께 올리는 물건을 말하는 것이나 스님들이 먹는 음식이나 식사를 가리키는 말로도 쓰인다.

[2] 석가모니의 십 대 제자 중 한 사람으로 가장 뛰어난 지혜를 가졌다고 칭송되었다.

[3] 불교 경전 중 반야심경(般若心經)의 한 부분. 반야심경은 '지혜의 빛에 의해 큰 깨달음에 이르는 마음의 경전'이라는 뜻으로 불교 경전 중 가장 짧은 편이나 특히 우리나라에서 크게 사랑받아 불교 의식에서 빠지지 않고 불린다.

[4] 처음으로 절에 들어온 남자는 6개월에서 1년 정도 행자(行者) 생활을 한 후 스승을 정하고 사미계를 받아 사미가 된다. 이렇게 사미로 머물다가 스무 살 정도가 되면 구족계(具足戒)를 받아 정식 스님이 된다.

[5] 당시 무신정권의 최고 권력자였던 최충헌의 노비 만적이 1198년(신종1) 동료 노비들을 모아 각자의 주인들을 제거하고 노비 문서를 불태우기로 계획했다. 하지만 같이하기로 한 순정이라는 노비의 밀고로 발각되어 100여 명의 노비가 다리에 돌을 매단 채 강에 빠져 죽임을 당하면서 실패로 끝났다.

[6] 《삼국유사》의 제일 처음인 권1, 〈왕력(王曆)제1〉 편에 나오는 것으로 하늘에서 시작된 고구려, 백제, 신라의 왕들의 흐름을 말해 주고 있다.

정성스런 마음이
기적을 만든다

유난히 눈이 많던 겨울이 가고 계절은 우수와 경칩을 지나고 있었습니다. 하지만 깊은 산속 운문사에는 아직 봄이 오지 않았습니다. 한 걸음 밖을 구분할 수 없게 눈이 퍼붓기도 하다가 낮에는 나른한 졸음이 쏟아지는 날이 이어지기도 했습니다. 하지만 절 옆을 흐르는 개울의 얼음은 돌들이 들여다보일 정도로 얇아졌고 개울 가까이 가면 그 밑을 지나는 물소리가 들릴 정도였습니다.

바람이 급하게 문을 두드리자 일연스님은 한참을 들고 있었던 붓을 문득 내려놓으며 가만히 문을 열었습니다. 문을 열자 한결 다소곳해진 바람들은 《삼국사기》[7], 《위서》[8], 《단군고기》[9], 《통전》[10], 《당서》[11], 《한서》[12] 등 일연스님이 글을 쓰는 틈틈이 곁에 두고 보시는 옛 역사책들을 조심스럽게 들추었습니다.

일연스님이 모르는 척 뻐근해진 어깨와 목을 펴며 눈을 들어 밖을 보니 멀리 구름 밑까지 타고 넘던 산들이 밥때마다 공양주 보살 앞에 달짝 엎드리는 절집 개 마냥 스님 앞에 되돌아와 허리를 숙였습니다.

"큰스님, 어디를 보십니까?"

일연스님이 책이 열리고 종이가 날리는 것도 놓아둔 채 밖을 향해 한참을 그대로 있자 무극스님이 걱정스러운 듯 물었습니다.

"산을 본다네."

"산에 무엇이 보이십니까?"

"산에 사는 것들이 보이지 않겠나."

아직 푸른 잎이 나지 않은 산마루는 깎을 때를 지난 젊은 스님들의 머리카락 같았습니다. 나무꾼이라도 지나나 싶어 무극스님도 덩달아 눈을 찡그리고 내다보았습니다. 그러나 산에는 아무도 아무것도 없었습니다.

"어제 제가 전해 드린 말씀 때문에 그러십니까? 그 일은……."

"멈추게. 생각도 한숨 쉬어야 할 때가 있는 법이라네."

산적 깜깜이네가 절의 곡식과 베, 무명을 요구한 것은 벌써 여러 번이었습니다. 대낮에 드러내고 쳐들어와 칼을 들이댄 것은 아니지만 절 밑 마을 사람들을 통해 들어온 편지에는 분명히 위협이 느껴졌습니다. 인사를 차리는 격식과 당나라 고사를 예로 드는 문장은 깜깜이네가 지나가는 사람들 보따리를 털거나 푼돈에 눈이 멀어 사람을 해치는 밑바닥 패거리가 아니라는 것을 보여 주었습니다. 그 예의와

절도 있는 모습은 오히려 그들의 규모를 짐작게 해 주었고 그렇기에 더욱 큰 위협으로 다가왔습니다.

운문사의 규모가 작지는 않지만 산적들과 살림을 나눌 수 있을 만큼 여유롭지는 않았고 어쨌든 도둑인 그들의 요구를 순순히 들어 줄 수도 없는 일이었습니다. 무극스님은 당장 관아에 얘기해 병사를 불러들인 후 그들을 토벌해야 한다고 목소리를 높였지만, 일연스님의 생각은 달랐습니다.

최충헌을 비롯한 무인들이 조정을 차지한 후 백성의 삶은 지옥 같았고 몽골의 침략은 그 불지옥에 기름을 붓는 일이었습니다. 강화도로 거처를 옮긴 후에도 조정은 백성의 재산을 강제로 빼앗는 짓을 멈추지 않았고 나라는 몽골의 말발굽에 철저히 짓밟힌 지 오래였습니다.

치욕스러운 항복을 거쳐 조정은 개경으로 돌아갔지만 몽골의 간섭은 여전해서, 이번에는 왜나라를 정벌하러 간다는 명목으로 백성을 쥐어짰습니다. 일연스님은 그런 상황에서 사람들이 산으로 들어가 칼을 쥐는 건 어쩌면 살기 위한 마지막 몸부림이라 생각했습니다.

분노 때문에 칼을 움켜쥔 손을 놓게 하기 위해서라도, 식구를 잃고 흘리는 그들의 눈물을 닦아 주기 위해서라도 지금 모으고 쓰는 고구려, 백제, 신라 이 옛 세 나라의 이야기는 중요한 일이었습니다.

옛 세 나라가 어떻게 나라의 어려움을 이겨냈는지, 그 나라의 왕들과 백성은 어떤 마음으로 그들의 고통을 버티어 냈는지, 그들을 위로하고 힘을 준 것은 무엇이었는지, 그 세 나라가 만들어지기까지 다른 나라가 있었는지를 전해 주어야 했습니다.

'칼은 답이 아니다. 칼을 든 이에게 같이 칼을 드는 것은 끝나지 않을 피의 악업을 쌓는 일일 뿐이다.'

일연스님은 결국 무극스님을 절 밑으로 보내 산적들과 끈을 이어 보려했습니다. 그들이 어떤 사람들인지, 왜 스님들에게 곡식을 요구하는지 알아야 했습니다. 그러나 밤늦게 돌아와 전해 준 무극스님의 이야기에는 별 소득이 없었습니다.

어떤 식으로든 산적과 통하고 있을 산마을 사람들은, 공덕이 높아 보이는 스님이 직접 내려와 산적의 행방을 묻고 다니자 지레 겁먹어서 입을 다물어 버렸습니다. 다만 오래지 않아 산적이 절에 모습을 드러낼 것이라는 귀띔을 해 준 것이 전부였습니다.

일연스님은 창 밖에서 눈을 거두고 조금 전 쓰던 이야기를 다시 읽어 보았습니다. '만파식적'[13] 신라 신문왕 때 감은사 앞 동해에 나타났다는 섬. 그 섬에 자라던 대나무 한 그루. 신문왕의 아버지 문무왕은 용이 되고, 더불어 나라를 지키던 김유신은 천신이 되어 한마음으로 내려 주었다는 보물. 그 대나무로 만든 피리가 만파식적입니다.

한 번 불면 국경에 닥치는 적군의 칼끝이 무뎌지고, 백성을 괴롭

정성스런 마음이
기적을 만든다

2

허는 역병을 없애 주고, 비를 내려 가뭄의 고통을 덜어 주고, 사람을 때리는 파도를 돌려세우는 피리. 인생에 끊이지 않을 괴로움의 파도를 쉬게 하는 만파식적은 신라 때가 아니라 바로 지금 필요하다고 일연스님은 생각했습니다.

"그럼 오늘은 쓰시는 일도 쉬시겠습니까?"

"⋯⋯."

"큰스님, 행자들이 사미계를 받을 때가 이미 지났습니다."

그러자 문득 일연스님은 생동과 든금에게 생각이 미쳤습니다. 일연스님은 되돌아 앉으며 물었습니다.

"그래, 그 아이들에게도 사미계를 주어야 하겠지. 그런데 모두 행자 공부는 무사히 마쳤는가?"

무극스님은 사미를 앞둔 여러 행자를 말한 것이지만 일연스님이 얘기하는 것은 생동과 든금이었습니다. 무극스님은 그것을 얼른 알아차렸습니다.

"가초만큼이야 하겠습니까? 생동은 향찰은 물론 한자도 떼 가는 듯하지만 든금이는 워낙에 배운 게 없어 아직 향찰도 깨치지 못하고 있습니다. 다른 행자들은 모르겠지만 든금이는 아직 사미계를 받을 때가 아닌 듯합니다."

"그래? 그런데 무극. 경주에 있는 중생사를 모르진 않겠지?"

"네, 스님. 제가 큰스님 모시고 찾은 것만 해도 두 번입니다. 성종 임금님 때 시무 28조를 올려 나라의 기틀을 닦은 최승로 문하시중이 젖먹이였을 적에 후백제 견훤이 서라벌을 침략하였고, 그때 그 아비가 그곳 대비관음상께 아기를 맡기고 난을 피하려 도망쳤습니다. 그러고 보름이 지나 돌아와 보니 아기는 오히려 살이 오르고 입에서는 젖 냄새가 나더라는 신기한 곳이 아닙니까? 스님이 알려 주신 대로 책에 모두 적어 놓았습니다.[14]"

"그렇지. 그런데 그 말고도 중생사에는 관음보살님의 놀라운 이야기가 더 전해진다네. 옛 주지 성태스님이 시주가 없어 부처님께 더는 공양을 올리지 못하고 절 문을 닫아야 함을 걱정하자 대비관음상께서 직접 이웃 고장에 나가 시주를 구해 왔다는 이야기도 있고 절에 큰불이 났을 때 마을 사람 모두가 달려와 서둘러 불을 끄고 법당을 둘러보니 이미 대비관음상께서는 스스로 절 마당에 나가 불을 피하고 계시더라는 이야기도 있지."

"알겠습니다, 큰스님. 그럼 그 이야기도 적어 놓도록 하겠습니다."

"허허, 이 사람아 그렇게 적는 것에만 생각을 모으지 말게나. 쓰고 남겨 두는 일이 물론 중요한 일이긴 하나 내가 옛 삼국의 이야기를 모으고 다듬어 묶으려는 뜻을 모르고 적기만 하는 것이 무슨 의미가 있겠는가? 이야기라는 것은 그것을 읽고 생각할 사람들에게만 의미가 있는 것이 아니라 남기는 사람들에게도 뜻이 되고 삶이 되어 결국엔 나를 바꾸고 남을 바꿀 수 있어야 하네.

정성스런 마음이
기적을 만든다

2

자, 이제 내가 정작 자네에게 해 주고 싶은 이 이야기를 들어 보게나. 예전에 점숭이란 스님이 이 중생사의 주지로 계셨는데 말이지 글쎄 이분이 글을 읽고 쓸 줄 모르셨다네. 하지만 마음이 깊고 깨끗하여 부처님께 향을 올리는 일을 잊는 법이 없었다지. 그러자 향기를 따라 절을 찾는 사람이 늘어만 갔다네. 그러니 다른 중들 중에서 이를 시기하고 욕심내는 이들이 생겨나기 시작했고 점숭이 글을 모른다는 점을 이용해 절을 뺏으려는 자가 나타났지.”

“그렇다고 어찌 멀쩡히 계신 스님을 내쫓겠습니까?”

“욕심에 눈이 먼 자들은 하늘도 두려워하지 않는 법. 사람들을 부추겨서는 절을 빼앗지 못할 것을 알자 한 중이 옷을 바치며 부처의 가르침을 전하는 천사에게 이를 고해바친 거지. '나라의 복을 비는 이런 큰 절에서 주지가 글을 읽지 못한다는 것이 말이 됩니까? 중생사의 주지는 마땅히 글에 능통한 사람이 되어야만 합니다.'라고 말이야. 물론 그 말 뒤에는 '저처럼'이란 말이 빠졌지만”

“그자의 욕심이긴 하나 그렇다고 주지가 글을 읽지 못하면 어찌 절의 살림을 이끌겠습니까?”

“허허 이 사람. 내가 글을 몰랐다면 나도 내쫓을 기세로군”

“아니, 그건⋯⋯.”

“하하, 난처해하기는. 결국, 천사도 자네처럼 생각했는지 예불에 쓰이는 여러 어려운 글을 써서 점숭에게 주었지. 그것도 거꾸로 써서 말이야. 절을 탐내는 못된 중들과 점승을 응원하는 백성이 모두 지켜보는 자리에서 그렇게 한번 읽어 보라고 주었더니 아니 글쎄 점승은 한 글자 막힘도 없이 줄줄 읽어 내려가더라네."

"……."

"중생사의 이 이야기들이 한낱 신기한 기적으로만 보이는가? 최승로가 부모 없이는 스스로 먹을 것을 구할 수 없는 아기였어도 목숨을 구할 수 있었던 것은 그 전에 그 아비의 지극한 정성이 있었기 때문이고, 성태스님 대신 시주를 구해다 준 대비관음상은 신통력으로 절 마당에 난데없이 곡식과 소금을 툭 생겨나게 하지 않고 이웃 고을 사람들에게 정성을 부탁한 것이라네. 점승도 마찬가지지. 나는 그분께서 그동안 모르던 글을 단박에 기적처럼 깨친 것은 아니라고 생각하네. 깊은 마음으로 늘 예불에 힘쓰던 중이 예불에 쓰이는 글들이 거꾸로 쓰였던 바로 쓰였던 어찌 모를 수 있겠나. 결국은 기적도 사람이 만드는 일이라네."

"그럼 그 말씀은 결국, 글을 모르는 든금이가 점승스님처럼 큰스님이 되기에 부족함이 없으시다는 뜻이시군요."

"아니지. 그보다 먼저, 사람을 판단함에 있어 그 배움이나 능력의 정도를 가지고는 하지 말라는 뜻이네. 사람은 정성에 따라 기적을 만들기도 하는데, 얼마나 글을 잘 읽고 쓰느냐가 어찌 사람의 본바탕이냐는 것이지. 내 보아 하니 부처님 법을 배우려 애쓰는 마음은 오히려 글을 모르는 든금이가 더한 것 같으니 이번 수계식에 그 아이를 빼지 말고 모두에게 사미계를 주도록 하게나."

일연스님은 다시 몸을 돌렸습니다.

암자 앞 좁은 마당에서 보이는 산등성이가 스님 눈 밖을 벗어나 멀리 달리려 하고 있었습니다. 말고삐를 잡아채듯 스님은 눈에 힘을 주어 산등성에 올라탔습니다. 연기처럼 이어지는 산등성이는 이제 일연스님을 태우고 어린 시절의 스님, 견명에게 데려다 주었습니다.

경산(현재 경북 경산시)의 6월은 바늘로 콕콕 찌르는 듯한 땡볕보다 바람이 살랑 부는 그늘이 좋아지기 시작하는 때였습니다. 성급하게 냇가로 뛰어든 아이들은 금세 이를 딱딱 부딪치고 온몸을 달달 떨며 나왔지만 벗어 둔 옷을 입으면 제일 큰 버드나무 밑 시원한 그늘로 바로 들어가곤 했습니다.

버드나무 아래는 마을 사람에게 좋은 장소였습니다. 겨우내 쌓인 눈이 녹고 냇가 얼음장이 풀릴 때쯤이면 온 마을 어른들이 모여 음식을 마련하고 허리를 깊게 굽혀 제사를 지내기도 하고, 놀이에 지친 아이들이 견명의 재미있는 이야기를 듣기도 했습니다.

견명은 사실 조금 이상한 아이였습니다. 견명의 어머니가 햇빛이 뱃속으로 들어오는 꿈을 꾸고 생긴 아이라 하여 이름도 '밝게 보인다'는 뜻을 붙이고 집에서나 친구들이나 그 뜻을 따 '밝음이'라 불렀지만, 얼굴은 수도인 개경에서 장사하고 있다는 어느 먼 나라 사람처럼 까맸기 때문입니다. 아무리 더워도 그늘보다는 해 아래 있기를 좋아하는 견명의 얼굴이 까매지는 것이야 그렇다 칠 수 있습니다. 하지만 이야기를 해 달라고 조르며 맛있는 메기, 피라미, 동자개, 꺽지 같은 물고기를 끓여 주면 그리 비리지 않은데도 헛구역질하며 가까이 가지 않았습니다.

"밝음아, 오늘은 무슨 얘기야?"

"네 아버지가 해 주신 얘기 또 없어?"

그늘 옹기종기 모인 아이들은 굳이 그늘 밖에 서 있는 견명에게 이야기를 재촉하고 있었습니다.

아버지 얘기가 나오자 견명은 잠깐 시무룩해졌습니다. 지난가을 집을 나가시곤 며칠에 한 번 그것도 늦은 밤에만 잠깐 다녀가시는 아버지가 걱정스러웠기 때문이었습니다.

잠이 들기 전, 손을 잡고 늘 신기한 얘기를 해 주시던 아버지. 집에 오시는 날이 점점 줄어들던 요즘, 견명은 어젯밤 잠을 참고 참아 드디어 아버지를 뵐 수 있었습니다. 그러나 견명은 깜짝 놀랐습니다.

옷은 때 묻고 해져 당장 버려도 누가 주워가지 않을 듯했고, 얼굴 여기저기에 상처가 있고 눈과 뺨이 쑥 들어가 마치 해골을 보는 듯했습니다. 따뜻하게 견명을 보시며 웃으시는 눈가 주름이 아니었으면 아마 아버지를 몰라보았을 것입니다. 아버지가 웃어 주시자 마음이 놓인 견명은 이제 원망이 들기 시작했습니다.

"아버지, 농사일도 내팽개치시고 도대체 어디 계시는 거예요? 마을 나리 댁에서 빌린 밭의 잡초 키가 저와 비슷해졌다고요."

"녀석, 허풍은……. 걱정하지 마라. 이 아비도 지금 농사를 짓고 있단다. 사람을 기르는 농사. 그런데 말이다. 네 말대로 농사를 잘 지으려면 잡풀을 뽑아 없애는 것이 가장 먼저 할 일 아니겠니? 그래서 아비는 세상 밭에 알곡들만 여물게 하려고 잡초를 뽑느라 이리 바쁜 거란다."

"하지만 아버지께선 아버지를 기다리는 저와 어머니 생각은 하나도 안 하세요? 저희가 더 중요한가요, 아니면 잡초 뽑는 일이 더 중요한 일인가요?"

"허허……. 네 어머니가 너를 시켜 자기 이야기를 하는 것 같구나. 견명아, 이런 이야기가 있다. 옛날 어느 사내가 냇가에서 수달을 잡아 맛있게 먹고 그 뼈는 뒷산에 버렸단다. 그런데 다음 날 뼈를 버린 곳에 가 보았더니 핏자국만 있고 뼈는 없어졌지 뭐니. 이상하게 생각한 그 사람은 그 핏자국을 따라가 보았지. 그러다 어느 동굴에 다다랐는데, 그 동굴 안에 자기가 먹고 버린 그 뼈가 다섯 마리 어린 수달을 안고 있더란다. 잡아먹힌 어미 수달이 어린 것들 걱정에 뼈로라도 보금자리에 돌아간 것이지.[15]"

"설마 그 사람이 그곳에 있던 어린 수달까지 잡아먹은 건 아니겠죠?"

"하하하, 우리 견명이가 이제 농담을 할 정도로 컸구나. 사내는 그 모습을 보고 크게 깨달은 바가 있어 속세를 버리고 스님이 되었다는구나. 바로 용을 쫓기도 하고 당나라 공주의 병을 고치기도 했다는 혜통스님 이야기란다. 짐승도 자기 새끼를 그렇게 생각하는데 이 아비는 어떻겠니? 나는 한순간도 우리 견명이를 잊은 적이 없단다. 그건 이 아비가 세상을 떠나도 마찬가지일 거야."

"그래도…… 전……."

"괜한 걱정은 하지 마라. 그보다 오늘 또 한 가지 이야기를 들었으니 이제 무얼 해야 하지?"

"네, 알고 있어요. 내일 날이 밝으면 바로 할게요."

아버지는 오래전부터 한 가지 이야기를 해 주실 때마다 그 이야기를 계속 생각할 수 있는 무언가를 마련해서 장독대에 두라고 하셨습니다. 나중에 글을 배워 읽고 쓸 수 있게 되면 당신이 해 주신 이야기를 포함해서 세상의 중요한 이야기 즉, 사람들이 기쁘고 슬프고 자라고 죽고 실패하고 깨닫는 그 모든 이야기를 잘 골라 꼭 써서 남겨 두라는 말씀도 하시곤 했습니다.

"사람에게 밥이 꼭 필요한 것처럼, 이야기가 필요한 사람들이 있단다. 너만 그런 건 아니야, 누구나 다 비슷해. 꼭 네 잘못은 아니야

정성스런 마음이
기적을 만든다

2

라고 말해 주는 이야기, 힘을 내자며 돕고 응원하는 이야기들을 들려주는 게 지금 이 아비가 하는 일만큼 세상에 중요한 일이란다. 아니 어쩌면 세상의 어둠을 몰아내는 데에는 더 중요한 일일 수도 있지. 그러니 견명아, 우리 견명이는 이름처럼 밝은 곳을 보되 그늘 속에서 일어나는 이야기들도 잊으면 안 된다. 네가 응달을 향해 몸 돌리면 그 그늘도 햇볕을 받아 습기와 추위가 물러날 테니까. 무슨 말인지 알겠니?"

견명은 아버지의 이야기 속에 등장하는 사람이나 일들을 머릿속으로 그려 보았습니다. 그리고 그 상상과 제일 비슷한 돌을 골라 하나씩 모으기 시작했습니다. 그렇게 견명의 집 장독대에는 그동안 아버지가 해 주신 이야기를 뜻하는 돌이 스무 개도 넘게 쌓였습니다.

그날을 끝으로 아버지는 집에 돌아오시지 않았습니다. 집에는 아버지 대신 고을 관청에서 칼을 든 사람들이 여러 번 다녀갔습니다.

그들은 어머니에게 욕설을 퍼부으며 윽박지르기도 했고 그도 안 되면 며칠씩 어디론가 끌고 가, 혼자 남은 어린 견명이 두려움과 굶주림에 정신을 잃고 쓰러져 있어야 했습니다. 며칠 만에 돌아온 어머니는 옷에 묻은 핏자국과 얼굴의 멍 자국을 채 감추지도 못하고 온몸을 쩔뚝이며 견명을 일으켜 먹을 것부터 챙겼습니다.

"살아야 한다. 살고 있으면 아버지도 보고 또 아버지만큼 좋은 세상도 본다."

어머니는 혼잣말하듯 견명에게 이르곤 했습니다. 그때마다 눈물 한 방울 보이지 않았고 몸을 좀 추스르면 언제 그런 일이 있었느냐는 듯 밭농사에 남의 집 품팔이에 악착같이 달라붙었습니다.

한번은 견명이 저녁으로 밥보다 물을 더 많이 마셔 묵직해진 아랫배 때문에 한밤중에 일어난 적이 있었습니다. 졸린 눈으로 오줌을 누러 더듬더듬 뒷간에 가던 견명은 뒤쪽 담장 너머에 웅크리고 있는 사내 두서넛을 보았습니다. 아니 사내들의 모습이라기보다는 달빛에 쨍하고 드러낸 칼날을 본 것이었습니다.

숲에 들어설 때면 얼굴에 휘감겨 귀찮게 하던 거미줄이 이젠 끊어지지 않는 그물이 돼서 머리끝부터 발끝까지 살을 파고들어 오는 느낌이었습니다. 겁에 질려 발길을 돌리려던 견명은 겨우 정신을 차리곤 이러면 안 되지 싶어 계속 뒷간을 향했습니다. 아무 일도 없는 듯 아무것도 못 본 듯 견명은 천천히 바지를 내렸지만 아무리 아랫배에 힘을 주어도 오줌은 나오지 않았습니다.

다음 날 새벽같이 보리밥 한 덩이를 남겨두고 어머니가 일을 나가시자 견명은 밥은 내팽개치고 집 주변부터 살폈습니다. 사내들은 오래 머물지 않고 떠난 듯 발자국 몇 개와 담벼락에 오줌 냄새만 남아 있었습니다.

"어머니께 말씀드리지 않은 건 잘한 일이야. 아시면 힘드신 몸에 잠도 더 못 주무실 테니까…… 그런데 저놈들이 숨어서 기다리는 동안 갑자기 아버지가 집에 오시기라도 하면 어떻게 하지?"

생각이 거기에 미치자 견명은 아버지가 한밤중에 몰래 집에 오시더라도 바로 되돌아가실 방법을 찾기 시작했습니다. 그때 견명의 눈에 장독대 위의 돌들이 눈에 띄었습니다.

견명은 아버지가 해 주셨던 이야기들이 담겨 있는 작은 돌들을 한데 모아 돌담 위로 옮겼습니다. 신기하고 놀랍기만 했던 이야기의 주인공들은 이제 어깨를 맞대고 전혀 다른 이야기를 만들어 내고 있었습니다.

견명은 냇가에 나가 어렵게 구한 흰 돌을 군데군데 끼워 넣었습니다. 돌담 틈에 흰 돌들은 작지만 분명한 모양을 만들었습니다. 언뜻 보기에는 복을 비는 탑처럼 보였지만, 아버지는 분명히 견명이 무언가 알리려 한다는 것을 알 수 있을 것이었습니다. 더구나 그 작은 탑에서 뚜렷이 나타난 것은 아버지를 겨누고 있는 칼의 모습이었습니다.

견명은 그 칼탑이 아버지의 발길을 돌렸는지는 알 수 없었습니다. 다만 차오르던 달이 야위어 반달이 되고 담장을 기어오른 잡풀들이 이제 막 칼탑까지 올라오려 할 때쯤 아침에 일어나 보니 탑은 쓰러져 있었습니다.

도둑고양이나 족제비가 건드린 것은 분명 아니었습니다. 탑은 넘어져 있었으나 어지럽지 않았고 오히려 한 곳에 돌들이 가지런히 모여 있었습니다. 아버지가 해 주신 이야기처럼, 뼈만 남은 어미 수달이 피 흘리며 보금자리로 돌아가 어린 새끼들을 간절하게 품었듯이 흰 돌들이 작은 돌들을 감싸고 있었습니다. 그건 마치 아버지가 견명에게 남긴 이야기 같았습니다.

그동안 칼탑에 여러 번 눈길을 주셨지만, 그에 대해 아무 말씀 없으시던 어머니는 그 모습을 보시곤 깊게 숨을 들이켜셨습니다. 무언가 아버지의 사람들로부터 전해진 소식이란 걸 아는 눈치였습니다.

"짐을 챙기자꾸나."

담장 위를 한참이나 멍하니 바라보던 어머니의 말씀이었습니다.

챙길 짐은 얼마 없었습니다. 장독대의 항아리들은 그나마 된장이 조금 남았을 뿐 나머지는 텅 빈 지 오래였고 담아 갈 보리도 한 됫박이 되지 않았습니다. 세간살이라야 어머니 손때 묻은 반짇고리가 그나마 성한 축에 속했습니다. 무쇠솥을 닦고 그 안에 그릇 몇 개와 수저를 넣은 후 보따리에 단단히 묶어 싸매는 어머니를 보며 어린 견명은 이번 길이 아주 멀 것이라는 예감이 들었습니다.

"어머니, 어디 가요?"

"……"

"우리가 이리 급하게 집을 떠나면 아버지는 어찌하라고요? 집에 돌아오셔서 저희를 찾으실 텐데요."

빈 마당에서 무언가 놓친 것은 없는지 구석구석 눈길을 주던 어머니는 견명의 물음에 눈길을 하늘로 두었습니다.

"견명아, 우리 견명이는 미륵부처님을 잘 알고 있지? 언젠가 이 땅에 오셔서 우리 불쌍한 중생들을 모두 행복하게 해 주신다는 부처님 말이야. 아버지는 말이야 하늘나라에 계신 그 미륵부처님 곁으로 가셨단다. 미륵부처님처럼 사람을 사랑하시고, 매 맞고 빼앗기고 억울해서 눈물 마르지 않는 사람들을 늘 도우려던 네 아버지는 우리보다 먼저 그 곁에 가셔서 좋은 세상을 준비하고 계실 거야. 그러니까 우리는 아버지 곁으로 갈 때까지 꿋꿋하고 바르게 살아야 해. 그런데 지금 우리 집은 적당하지 않은 것 같구나. 좀 멀더라도 아버지가 예전에 미륵부처님을 기다리기에 좋은 곳을 알려 주셨으니 그리로 가자꾸나."

견명은 어머니의 말씀을 듣고 불안했던 마음이 조금 가라앉는 듯했습니다. 이제 아버지를 쉽게 볼 수 없다는 생각은 여전했지만, 아버지가 영원히 자신을 떠난 것은 아니라는 느낌이 들었기 때문입니다. 아버지는 여전히 주름진 눈으로 자신을 향해 웃고 계실 것이며 아버지와 견명을 이어 주고 있는 보이지 않는 무언가의 손길이 등을 토닥이고 있는 듯했기 때문입니다.

견명은 돌담 위의 무너진 탑, 그 돌무더기를 바라보았습니다. 그리고 그중에서 아버지의 이야기가 담겨 있는 작은 돌들을 하나하나 정성스레 주머니에 담았습니다. 그리고 아버지가 떠난 이날을 기억하려는 듯 마당에서 무언가를 더 주워 같이 넣었습니다. 아무 특징도 없고 작기만 한 나뭇가지, 그러나 그 못생긴 가지 하나는 아버지가 늘 가슴 아파하던 많은 사람 같았기 때문입니다.

　그 모습을 가만히 지켜보시던 어머니는 그것들을 짐 한쪽에 따로 넣어 주셨습니다. 견명은 그중에 작은 것들 몇 개를 빼 굳이 주머니에 다시 넣었습니다. 어디를 향하는지 모를 이 불안하고 먼 여행에 그 돌들은 분명 좋은 친구가 되어 줄 것 같았기 때문이었습니다. 그리고 그 돌들은 지금 일연스님 손에 항상 들려있는 염주알이 되었습니다.

그렇게 떠난 길 끝은 해양(현재 광주광역시)이었고 어머니는 아홉 살의 견명을 그곳 무량사에 맡기곤 발길을 돌리셨습니다. 그때 견명은 돌아서시는 어머니를 다시 모시게 될 날이 그토록 늦게 오리라고는 생각조차 할 수 없었습니다.

　아버지에 대한 그리움으로 글을 배우고 어머니에 대한 기다림으로 그 뜻을 배우던 견명은 열네 살의 나이로 무량사를 떠나 강원도 양양의 설악산 기슭 진전사로 들어가 일연스님이 되었습니다.

　부처의 세계는 넓었고 그 말씀은 깊어 헤아리기 어려웠습니다. 온 땅의 덕이 높은 스님들께 묻고 생각하는 동안 일연스님의 이름은 점점 널리 알려졌습니다. 스물두 살이 되던 해 승려를 위한 과거

정성스런 마음이 기적을 만든다

2

인 승과에 장원급제한 후 고향과 가까운 달성군 비슬산 보당암에 내려온 일연스님은 이번엔 젊은 시절의 온몸을 던져 몇 해가 바뀌도록 참선에 참선을 더 하였습니다.

그 사이에 몽골의 침입이 시작되었습니다. 부인사에 있던 대장경이 불에 타고 백성의 비명이 고려 강산을 뒤덮는 동안 일연스님은 같은 고통 속에서 그들을 돕기 위해 참선을 더욱 열심히 하였습니다. 마침내 서른한 살이 되던 해 보당암의 북쪽 무주암에서 깨달음을 얻은 일연스님은 큰스님이 되어 그 깨달음을 나누기 위해 전국을 떠돌기 시작했습니다.

마흔네 살의 나이에 남해의 정림사 주지로 머물며 대장경을 다시 만드는 일에 매달리기도 했고, 쉰한 살에는 윤산의 길상암에 머물면서 선종의 한 개념을 임금과 신하에 대비시켜 써 내려간《중편 조동오위》라는 책 두 권을 짓기도 했습니다.

몽골의 침략을 피해 쫓겨간 강화도에서도 위세를 떨치던 최씨 무신 정권이 무너진 후에도 제대로 왕위를 갖추지 못하고 있던 고려 왕 원종은, 개경으로 돌아가지 못한 채 강화도 선월사로 쉰여섯 살의 일연스님을 모셔 말씀을 청한 적도 있었습니다. 그러나 길 끝은 보이지 않았고 넘어야 할 고개도 여럿이었습니다. 영일군 운제산의 오어사에서, 비슬산 인홍사의 주지로 젊은 스님들에게 깨달음을 전하기도 했습니다.

조정이 개경으로 돌아가고 삼별초가 일어나 우리끼리 피 흘리던 때도 지났습니다. 그렇게 칠순을 코앞에 둔 예순아홉 살에 원종의 도움으로 인흥사에 머물다 3년이 지나 이곳 운문사에 들게 되었던 것이었습니다.

참으로 먼 길이었습니다. 고단한 길이었습니다. 스님은 쉬고 싶었습니다. 그러나 일연스님은 가초, 생동, 든금이라는 또 다른 길이 앞에 놓여 있음을 느꼈습니다. 그와 더불어 우리 옛 삼국의 이야기를 남겨야 한다는 무거운 짐도 어깨에 매달려 있었습니다. 그 무거운 길을 이제 다시 혼자서 가기에는 너무 멀었습니다.

일연스님은 무극스님에게 해 주었던 중생사의 이야기들처럼 기적이 일어나길 빌었습니다. 지금껏 살아온 이 길이 어쩌면 기적이었듯이 아이들과 걸어갈 길에도 분명 기적이 있을 것임을 그리고 정성만 있다면 그 기적을 만들 수 있음을 알 수 있었습니다.

정성스런 마음이
기적을 만든다

2

[7] 三國史記. 고려 인종의 명을 받아 김부식이 1145년에 펴낸 고구려, 백제, 신라에 관한 역사책. 전하는 우리나라 역사책 중 가장 오래되었으며 일연이 태어난 해보다 61년 전에 만들어졌다.

[8] 魏書. 중국 남북조시대 중 북제의 위수라는 인물이 쓴 역사책.

[9] 壇君古記. 단군의 고조선 건국 이야기에 관한 가장 오래된 기록으로 《삼국유사》 고조선 편에 〈고기〉라는 이름으로 등장하나 현재 책은 전해지지 않는다. 《삼국유사》와 달리 이승휴의 《제왕운기》 등에는 '단(檀)'이라고 기록되어 있다.

[10] 通典. 중국 여러 나라의 제도에 관해 당나라의 재상 두우(杜佑:735~812)가 쓴 역사책.

[11] 唐書. 중국 당나라의 역사를 기록한 책.

[12] 漢書. 중국 후한 시대의 반고라는 인물이 쓴 역사책.

[13] 萬波息笛. 《삼국유사》 권2, 〈기이(紀異)제2〉 편에 나오는 이야기.

[14] 《삼국유사》 권3, 〈탑상(塔像)제4〉 편에 나오는 이야기.

[15] 《삼국유사》 권5, 〈신주(神呪)제6〉 '혜통이 용을 항복시키다' 편에 나오는 이야기.

3

부처님 법을
일으키라

절 마당을 가득 덮은 화려한 연등 사이를 파란 하늘이 비집고 있었습니다. 대낮의 연등은 한밤에 촛불을 품고 있을 때보다 아름답지는 않았지만 봄 하늘의 빛을 머금으면서 훨씬 건강해 보였습니다. 초록빛은 풀과 나무를 빌려 산을 덮고 밭을 꾸몄지만, 오히려 초록과 가까운 푸른 빛은 하늘에서가 아니면 찾을 수 없었습니다. 빛은 해가 아니라 하늘 전체에서 오는 듯했습니다.

바닷가의 바위를 타고 왜국에 건너가 임금과 왕비가 되었다는 연오랑과 세오녀. 그들이 신라를 떠나자 해와 달이 빛을 잃고 야위었으며 나무는 시들고 열매는 익기도 전에 떨어져 온 나라를 근심에 빠뜨렸던 가시버시. 고향으로 돌아오기를 간청하는 고국의 사신에게 하늘의 뜻에 따라 돌아가지 않겠다며 주었다는 세오녀의 비단.[16]

든금은 연등 사이로 시원스레 꽂히는 푸른 햇빛을 보니 무극스님이 일연스님께 들었다며 행자들의 공부 시간에 풀어 주신 이야기에 나오는 세오녀의 비단 색이 어떠했는지 알 수 있을 것 같았습니다. 그 푸른 하늘과 붉은 연등이 어우러지면서 절은 이제야 하늘과 땅이 새로운 계절에 접어들었음을 알려 주고 있었습니다.

"저 사람 좀 이상해."

부처님 오신 날을 맞아 인근에서 수많은 사람이 몰려왔습니다. 대웅전 뒤 높이 솟은 스님들의 숙소인 요사채에서 두 손을 모으고 연등 밑으로 탑 주위를 도느라 어깨를 부딪치는 사람들을 물끄러미 보고 있던 든금이 혼잣말을 중얼거렸습니다. 그 옆에서 스님들의 웃옷인 장삼 옷고름을 매느라 진땀을 빼던 생동은 냉큼 말을 받았습니다.

"뭐가?"

"저기 저 구석에 서 있는 사람 말이야. 아까부터 계속 보고 있었는데 대웅전에 들려 절을 하지도 않고, 그렇다고 복을 빌며 탑을 도는 것도 아니고. 큰스님 계신 암자 쪽만 계속 바라보고 있더라구."

생동은 잡고 있던 고름을 놓지 않은 채 든금의 시선을 따라갔습니다. 거기엔 남보다 큰 키는 아니었지만, 어깨가 딱 벌어지고 살이 검붉은 사내가 서성거리고 있었습니다. 사내는 등을 돌리고 있어 뒷모습만 보였지만 머리와 똑같은 너비로 쭉 이어지는 굵은 목에서 가만히 앉아 글이나 읽는 서생들과는 근본적으로 다른 힘과 고집이 느껴졌습니다.

'저 등, 어디선가 본 듯한데…….' 하면서 생동은 수계식에 늦을까 봐 얼른 사내를 눈에서 지웠습니다.

"그게 뭐가 이상해. 오랜만에 있는 큰스님 법문이 목말라서 이제나저제나 기다리고 있나 보지."

"그런가?"

"괜히 딴짓에 고개 빼고 있지 말고 이 고름이나 제대로 매줘 봐. 당최 난 이런 일엔 손방이라니까."

"손이라고 맨날 칼 잡는 일에만 썼으니 부처님 옷 입는 일이 그렇게 쉽겠어?"

"무슨 여염집 마누라도 아니고 웬 타박이야? 옷 하나 제대로 못 입어서 수계식에서 스님들 기다리게 하면 너나 나나 칼날 위에서 춤추라는 벌쯤은 아무것도 아닐걸?"

"왜 말을 해도 꼭 칼을 들어 얘기하는지, 참나. 저기 탑 그림자 안 보여? 사람들에게 밟히느라 제대로 가늠이 안 돼서 그렇지 수계식이 시작되려면 사람 하나 넘어진 길이만큼은 더 길어져야 향불 올리기 시작할걸?"

존대를 쓰며 눈치만 보던 든금이 이제는 놀리듯 쥐어박듯 꼬박꼬박 말대꾸하는 걸 보며 생동은 마음이 놓이는 한편으로 좀 아니꼽기도 했습니다.

"근데 너 말이야."

"왜?"

"아니다. 관두자."

든금은 생동이 무슨 말을 하려는지 짐작이 갔습니다. 하지만 가슴이 놀라 철렁하기는커녕 오히려 저 배 안쪽에서 목구멍까지 막혔던 무언가가 뻥 뚫리는 기분이었습니다. 이제 본격적으로 시작될 스님 생활에서 생동은 주인 도련님이 아닌 동료 스님인 도반이었습니다. 상대를 끌어내리는 것이 아니라 자신이 한 계단 더 올라가 어깨를 나란히 할 수 있다는 생각은 든금에게는 난생처음 드는 좋은 느낌이었습니다. 뿐만 아니라 비로소 자신이 사람이라는 생각도 하게 되었습니다. 생동의 옷고름을 매어 주는 일도 시켜서 억지로 해야 하는 일이 아니라 다른 이의 부족함을 돕는 스스로의 일이었습니다. 이제 든금은 자신보다 키가 한 뼘은 더 큰 생동이 그리 크게 보이지 않았습니다. 나의 뿌리는 하늘에 닿아 있다. 든금은 한 번 더 일연스님이 해 주신 말씀을 떠올렸습니다.

대웅보전은 향 하나 꽂을 틈도 없이 스님과 행자들로 가득 찼습니다. 활짝 열어젖힌 마당에도 각양각색의 사람들이 가득 메우고 있었습니다. 그들 중에는 멀리 경주, 심지어 강릉, 함흥, 거제에서부터 찾아온 사람도 있었습니다. 나라의 큰스님인 일연스님의 법회 소식이 먼 길을 멀게 느끼지 않게 한 것입니다.

일연스님은 부처님 오신 날 법회와 수계식을 한 번에 치르게 했습니다. 그것은 70이 넘은 노스님의 기력이 부쳐서도 아니고 번거롭고 형식에 치우친 일을 싫어하는 평소의 성격 때문도 아니었습니다. 부처께서 이 세상에 태어나신 날, 스님으로서 첫발을 내딛는 행자들을 주인공으로 세우기 위한 배려였습니다.

무극스님이 종을 울려 부처님께 법회를 고해 올리자 법당과 마당에서 일제히 절을 바치며 수계식이 시작되었습니다. 향을 올리는 거향찬을 마친 후 반야심경 독경이 이어졌습니다. 생동과 든금을 합쳐 열 명에 이르는 행자들은 그 어느 때보다 목을 높여 반야심경의 뜻을 헤아렸습니다.

곧이어 머리를 깎는 삭발 의식이 시작되었습니다.

"머리카락은 이름 없는 풀, 무명초라 한다. 잡초는 헛되이 자라 꽃의 아름다움을 가리니 해탈을 향한 우리의 정진에도 끊임없는 방해가 된다. 마땅히 잘라 없애 성불의 꽃을 피워야 할 것이다. 또한, 머리털이 없는 자는 저 멀리 부처님 나신 나라에서 예로부터 가장 천하고 낮은 자였으니 부처와 중생을 향한 우리의 마음도 그래야 한다. 마지막으로 머리털은 부모가 만들고 길러 주신 것이니 그것을 없앰으로써 이제 가장 무거운 속세의 인연을 끊고 몸과 마음을 부처님께 올리고자 하는 의지를 보이는 것이다."

무극스님의 이야기가 끝나자 행자들은 머리를 숙이고 작은 칼을 받들어 스님께 올렸습니다.

전쟁터를 떠돌다 부모를 잃고, 살아서 죄스런 목숨 하나 부지하기 위해 장바닥에서 악다구니 써 가며 살던 시절. 그 가슴 졸이던 시간을 지나 어쩔 수 없이 피할 곳 찾아 일연스님이 내민 인연의 손을 따라 절에 들어와, 이제 정말로 생동과 든금은 스님이 되려 하고 있었습니다. 분노와 원한을 누르고 중생을 향한 자비로 살아가야 하는, 깨달음을 통해 세상이 만들어지고 없어져 완전히 사라진다는 한 겁의 시간을 1억 번 반복하는 억겁의 윤회[17]에서 탈출해야 하는 길에 서 있었습니다.

억세기가 칡뿌리 같아 손가락도 잘 들어가지 않던 생동의 배배 꼬인 머리카락도 시집갈 나이가 된 처녀 아이들보다 길고 고와 먹물을 뒤집어쓴 듯했던 든금의 머리카락도 꽃잎처럼, 나뭇잎처럼 떨어지고 있었습니다.

'난 이제 다른 사람이 된다. 천한 노비가 아니다. 수행자가 된다. 부처님 절 도와주세요.'

든금은 기도했습니다.

'난 이제 귀족의 아들이 아니다. 아니라 한다. 낮은 자리로 가라 한다. 이젠 그래야 한다.'

생동은 다짐했습니다.

그러나 이렇게 생각이 다른 든금과 생동 모두 속세와의 헤어짐 때문에 속절없이 눈물을 떨어뜨렸습니다. 속세에 담긴 아픈 인연, 바로 부모님 때문이었습니다.

머리카락이 모두 깎이고 고개를 들자 일연스님이 법석에 앉아 계셨습니다.

"고구려에 중국 전진의 순도 스님이 불상과 경전을 전해 오며 시작된 부처님 법이 우리 땅에 뿌리내린 지 벌써 700년이 넘었다. 부처님 법을 따라 세워진 나라, 우리 고려의 시작도 300년이 넘었다. 나라 곳곳에는 큰 절과 암자가 넘쳐 나고 부처님 공경하는 향내와 독경 소리가 끊이질 않는다. 그러나 지금 나라의 속모양은 어떠한가? 외적의 침입은 멈추지 않아 나라는 온갖 굴욕을 당하고 있고 백성은 길을 잃어 어디에도 의지할 곳이 없다. 병과 굶주림에 식구를 잃은 이들의 울부짖음은 하늘을 찌르고 풀 데 없는 원한은 산처럼 쌓이고 있다.

그러나 서역 넘어 세상 온 땅끝까지 집어삼킨 저 끔찍한 오랑캐의 침략으로부터 그나마 왕실이 보존되고 나라를 유지하는 것은 가히 부처님의 도우심이 아니고 무엇이겠는가? 부처님의 도우심이란 무엇인가? 그것은 오직 부처님 앞에 의지하고 진실한 마음으로 불도를 닦는 이들의 간절한 청원에서 비롯되는 것이 아니겠는가?

그럼 또 그 간절한 청원이란 무엇인가? 그건 우리 고려를 하나로 묶어 준 강인한 정신, 즉 부처님을 가운데에 모시고 누구에게도 무룰 꿇지 않겠다는 우리 고려만의 의지가 있어서가 아니겠는가? 그럼 여기서 더 거슬러 올라가 보라. 그런 의지는 어디서 왔는가?

저 먼 단군의 조선에서부터 고구려, 백제, 신라의 삼국에 이르기까지 침략이 한두 번이 아니었고 패배도 적지 않았다. 그러나 우리의 선조, 우리의 뿌리들은 그때마다 일어섰고 패하는 일보다 넘어져 일어서지 않는 것을 굴욕이라 생각했다. 그 정신으로 지금까지 이어 온 것이며 지금의 우리가 있는 것이다. 우리 핏속에 남겨진 선조의 이야기를 기억하라."

일연스님의 목소리는 온화했던 평소와는 달리 뜨겁고 높고 무거웠습니다. 간절했습니다. 무극스님은 일연스님의 그 말이 무슨 말인지 가슴으로 새기고 있었습니다. 가초 역시 자신이 일연스님을 도와드리고 있는 일이 무엇인지 분명하게 느껴졌습니다.

'그래서, 그래서 그동안 큰스님께서 애타게 옛이야기를 모으고 오래된 역사를 읽으시며 밤을 밝혀 쓰시고 또 쓰셨던 거구나…….'

잠깐 설법을 멈추고 앉은 사람 하나하나를 둘러보시던 일연스님이 다시 말을 이었습니다.

"신라 법흥왕 때 이차돈이라는 젊은이가 있어 불법을 펴고자 스스로 목숨을 던진 적이 있다. 그가 목 베일 때 피는 흰 젖이 되어 한 길이나 치솟고 하늘은 빛을 감추고 스스로 어두워졌다 한다.[18] 그처럼 목숨을 던져 부처님의 흰 꽃을 피운 이의 정신은 이제 사라지고 없는 것인가? 이제 우리 고려에서 불법은 정녕 망하고 있는 것인가?

오늘 부처님 오신 이 기쁜 인연의 날을 맞아 내 간곡히 이르고자 한다. 불법을 흥하게 하라. 부처님 말씀을 심고 키우고 꽃피게 하라. 지금 이 자리에 있는 사미들은 부처님 법을 다시 세워 중생의 고통을 어루만지고 진정한 해탈로 이르게 하리라는 발원을 해라. 그 실천은 엄정한 계율 속에서 시작되니 이제 너희에게 지켜야 할 계율 열 가지를 이르고자 한다. 이는 중노릇 시작하는 여기 사미뿐만 아니라 세상에 사는 모든 이가 꼭 귀담아 들어야 할 이야기이다.

첫째, 살아 움직이는 목숨을 빼앗지 마라. 뜻이 있어 세상에 나온 목숨, 그 누구도 배부르려고, 혀를 즐겁게 하려고, 원수를 갚으려고 목숨을 빼앗을 수는 없다."

생동은 마치 자신을 바로 앞에 앉혀 놓고 하시는 듯한 일연스님의 말씀에 다시 고개가 숙여졌습니다.

"둘째, 남의 것을 훔치지 마라. 세상의 물건은 본래 그 누구도 주인이 아니지만, 소용에 따라 쓸 곳이 정해져 있으니 헛된 욕심으로 노력 없이 그것을 가지려고 하면 그 화는 자신에게 미쳐 더 큰 손해를 보게 된다."

일연스님은 이 말을 마치고 절 마당의 한쪽을 지긋이 바라보셨습니다. 그러나 곧 일연스님의 눈길은 팽팽해졌습니다. 분명 행자가 아닌 누군가에게 훔치지 말라는 계율을 주고자 하는 듯했습니다. 어쩌다 고개를 들어 일연스님의 눈길을 본 든금은 고개를 돌려 그쪽이 어디인지, 누구를 향해 있는 것인지 보고 싶었지만, 꽉 찬 법당 맨 앞에 앉아 있어 뒤돌아볼 수도 없었고 이 엄숙한 분위기에서 고개 돌려 기웃거리고 싶지도 않았습니다. 다만 사미가 지켜야 할 십계를 속세의 모든 사람이 들어야 한다는 말씀에는 분명 특별한 뜻이 있을 거라고만 생각했습니다.

"셋째, 음란한 짓을 하지 마라. 음란함이라 함은 몸을 따라 사는 것을 말한다. 몸에 묶여 사는 것을 말한다. 그러나 몸이 원하는 것만을 좇는 것은 마음을 망가지게 한다. 마음을 닦아 부처가 되고자 하는 수행자는 몸 때문에 만들어지는 고통스러운 인연을 끊어야 한다. 몸 때문에 만들어진 중생들의 질긴 인연을 끊어 주어야 한다."

스님이 해서는 안 되는 일들은 더 있었습니다. 스님들은 거짓말을 해서도 안 되고 술을 마시는 것도 허락되지 않았습니다. 몸을 아름답게 꾸미기 위해 치장하거나 향기나는 것을 바를 수도 없었습니다. 노래하고 춤추는 것을 보거나 들어서도 안 되고, 어느 자리에서든 중생들보다 높고 좋은 자리에 앉아서도 안 되었습니다. 일하지 않으며 시시때때로 먹어 몸이 게을러지는 일을 막아야 했으며, 금과 은을 쌓아 재산을 늘리는 일도 해서는 안 되는 일이었습니다.

"이 열 개의 계율은 중을 가두기 위한 쇠창살이 아니다. 더 큰 자유를 향한 길을 밝혀 주는 등불이다. 안 된다 하는 말에 마음을

부처님법을 찾아가는 이야기란

3

모으지 말고 그 반대, 해야 하는 일에 생각을 모아야 한다. 해서는 안 되는 일을 하는 것은 자신을 구렁에 빠뜨리는 일이지만 해야 할 일을 하지 않는 것은 주변 사람 모두를 지옥에 떨어지게 하는 것이다. 이 모든 계율을 지키고 중노릇 바르게 할 수 있겠는가?"

"네, 스님."

사미들은 모두 일연스님 말씀을 두 손으로 받들어 가슴에 담았습니다. 사미들의 대답이 끝나자 무극스님이 다시 일어섰습니다.

"이제 자신을 태워 부처님의 법을 구하는 연비를 행할 차례이다. 연비라 함은 '팔(臂)을 사른다(燃)'는 뜻이니 옛 달마스님에게 불법을 묻고자 했던 신광이라는 사람이 자신의 팔을 잘라 그 의지를 보인 데서 유래한 것이다."

사미들이 내민 오른팔에 향이 세워졌습니다. 작은 스님들이 일제히 향에 불을 붙이자 길지 않은 향은 조용히 타들어 가기 시작했습니다. 보이지 않는 향기를 피우며 타들어 가는 향은 흔들리는 연기로 인간의 마음을 보여 주었고 그럼에도 작은 불빛으로 부처님을 향한 사미들의 굳은 의지를 보여 주는 듯했습니다.

그 불빛은 점점 살갗에 가까워졌습니다. 그럴수록 향은 바늘이 되어 아프게 찌르기 시작했습니다. 향이 더 깊이 파고들자 핏줄이 뚫리는 느낌이었습니다. 그러다 뼈에 이르자 꽉 다문 어금니 사이로 자기도 모르게 앓는 소리가 삐져나왔습니다.

"작은 향 하나가 주는 아픔이 이러하다. 작은 향 하나가 주는 번뇌가 이러하다. 작은 향 하나가 주는 슬픔이 이러하다. 이는 모두 몸에 오는 것이니 몸에 들어오는 고통은 모두 이러하다. 큰 병을 앓는 이나 이 작은 불꽃을 몸에 데이는 사람이나 겪는 마음이 같다. 따라서 이 의식을 통해 사미는 깨달아라. 중생들의 고통을. 장벽이 되는 몸의 한계를. 그를 넘어서라도 가까이 가야 할 불법의 빛을."

무극스님의 말씀은 엄했지만 그래서 더욱 팔을 파고드는 이 향이 남길 자국과 같이 마음에 새겨지는 듯했습니다. 얼마 지나지 않아 향은 재를 남기고 흩어지고 팔뚝 한가운데 붉은빛이 남았습니다. 이 작은 점 하나가 주는 온몸의 고통을 생동과 든금은 기억했습니다.

연비가 끝나고 사미들에게 붉은 가사가 입혀졌습니다. 스님을 상징하는 붉은 가사를 장삼 위에 걸치면서 수계식의 모든 절차는 마무리되었습니다. 그러나 일연스님은 다시 말씀을 이으셨습니다.

"수행자는 오직 혼자이다. 숫타니파타에 이르길 그물에 걸리지 않는 바람처럼, 소리에 놀라지 않는 사자처럼, 진흙에서 피어나는 연꽃처럼, 수행자는 무소의 뿔처럼 혼자서 가라고 했다. 그러나 혼자서 가기 위해 먼저 끊어야 할 것들이 있다. 조금 전 머리카락을 자르듯이. 세상의 모든 존재는 늘 원인이 있어 생겨난다. 그럼 수행자로 혼자서 걸어가야 할 너희 존재의 원인은 무엇이겠나? 무엇보다 부모일 것이다. 부모와의 인연은 온 중생을 구해야 하는 수행자라면 끊어야 하는 것이 마땅하지만 그렇다고 그 부모의 은덕을 알지 못한다면 짐승보다 못한 미물일 뿐이다. 부처님께서는 사촌이자 가장 총명했던 제자인 아난 존자에게 이렇게 이르셨다.

'아난아, 세상의 남자들은 절을 찾아 부처님을 부르며 법문도 듣고 절하며 예배하기에 죽어서도 그 뼈가 희고 무겁다. 그러나 여자는 그렇지 않다. 여자는 남자를 만나 결혼을 하여 자식을 낳아 기를 때 그 하나를 낳을 때마다 진한 피 세 말 세 되를 흘리고, 여덟 말 네 되의 젖을 먹여야 하므로 그 뼈가 검고 가볍게 된다. 누구라도 왼쪽 어깨에 아버지를, 오른쪽 어깨에 어머니를 태우고 살갗이 닳아서 뼈가 드러나고 뼈가 닳아서 골수가 드러나도록 수미산을 백 번 천 번 돌아도 부모의 깊은 은혜를 다 갚지는 못할 것이다.' 이는 모두 〈부모은중경(父母恩重經)〉 가운데의 말씀이다. 부모의 은혜를 가슴에 담고, 그러면서 또 부모의 인연을 끊고 혼자 구도의 길을 가려는 너희가 새겨야 할 말씀이니 다시 한 번 깊이 생각하라. 이 자리에 있는 모든 대중 또한 귀 기울여 들으라."

말씀을 마치고 일연스님은 가초를 부르셨습니다. 가초는 이미 일연스님에게서 들은 말씀이 있는 듯 그 자리에서 조용히 일어났습니다. 가초의 손에는 목탁이 들려 있었습니다. 천천히 고개를 숙여 스님과 대중에게 인사한 후 가초는 독경을 시작했습니다.

"아기를 배고 지켜 주신 은혜를 어찌 갚을까. 셀 수 없는 긴 시간의 크나큰 인연으로 어머니의 몸을 빌려 오장과 육부가 만들어지네. 어머니 몸은 큰 산처럼 무거우나 작은 바람도 조심하시며 비단옷은 두고도 안 걸치시고 경대에는 먼지만 쌓이네."

가초의 소리는 독경이라기보다는 노래 같았습니다. 그래서인지 뜻이 새겨지지 않아 예전엔 들어도 잘 몰랐던 부처님 말씀들이 노랫말처럼 또렷이 들렸습니다.

"큰 고통 속에 낳아 주신 은혜 어찌 갚을까. 아기 배고 열 달 지나 해산 날이 하루하루 다가오면 아침마다 큰 병에 걸린 듯 나날이 정신은 흐려져 죽지나 않을까 두려워하니 그 어려움 글로 적기 어렵구나."

가초의 노래는 사람을 움직였습니다. 잿빛 옷을 입은 사람이건, 비단옷을 입은 사람이건, 짧은 머리의 사람이건, 비녀 꽂은 사람이건, 법당 안의 사람이건, 흙바닥에 앉은 사람이건, 그 자리의 모든 사람은 마음이 움직이고 몸이 움직여 허리를 굽혀 어깨를 들썩이기 시작했습니다.

"자식을 낳고 모든 근심을 잊으신 은혜를 어찌 잊을까. 어머니가 그대를 낳던 날 심장부터 쪼개지고 뼈마디를 부수는 고통 속에 몸과 마음이 모두 끊어져 양을 잡은 자리처럼 피 흘려도 아기가 탈 없다면 어느새 고통은 사라지고 기쁘고 기뻐 눈물이 하염없네.

쓴 것은 삼키시고 단 것은 먹여 주신 은혜는 또 어찌 잊을까. 좋은 것은 자식 먼저 주시어 남는 게 없어도 쓴 것은 가장 먼저 드시어 위장이 뒤틀려도 절대로 내색하지 않으시네. 그 크신 사랑 누를 길이 없어 그 은혜 깊은 만큼 슬픔도 더하시네. 언제나 자식들만 배부르면 인자하신 어머니는 굶주림도 사양 않네."

분명 가초 혼자 부르는 노래인데 어떤 대목에서는 두 사람이 부르는 것 같기도 했습니다. 노래는 이들이 태어나기 훨씬 전부터 시작된 조상의 격려인 듯하기도 했고, 자신의 노래인 것 같기도 했습니다. 전쟁터의 화살이 목줄을 스치는 소리를 내듯 아슬아슬하기도 했고 숨겨 둔 먹이를 찾는 여우가 땅을 긁는 소리 같기도 했습니다.

"마른자리 골라 눕히시고 젖은 자리 마다치 않으신 은혜를 어찌 잊을까. 어머니 몸은 젖어 천 근처럼 무거워도 아기 누울 마른자리 고르시고 온몸의 힘을 뽑아 두 젖으로 먹이시고 옷을 벗어 아기 먼저 데우시고 자식 걱정에 단잠을 설치시어도, 아기의 웃음으로 기쁨 삼으시니 인자하신 어머니는 편안함을 바라지 않으시네.

젖을 먹여 길러 주신 은혜를 어찌 잊을까. 따뜻하신 어머니 은혜가 땅이라면 말 없으신 아버지는 하늘이시네. 덮어 주고 안아 주신 어머니 은혜, 아버지의 은혜도 그와 같아서 눈이 없어 보지 못해도 미워하지 않으시고 팔다리 쓰지 못해도 품 안으로 당기시네. 내 속으로 낳은 자식 가엽다 가엽다 여기시네."

　스님들은 물론 절 마당의 모든 사람은 가초의 노래를 따라 하늘을 나는 비천[19]이 되기도 하고, 이제 막 몸을 푼 엄마가 되기도 하고 더러운 거짓에 눈을 부릅뜨는 야차[20]가 되기도 하였습니다. 소리는 크지 않아 나뭇잎 흔들리는 소리까지 섞일 듯했지만, 노래를 방해하는 어떤 소리도 들리지 않았습니다. 든금과 생동은 뜨거운 물에 몸을 담그듯이 노래의 가락에 몸을 맡겼습니다. 노래는 피를 따라 돌았습니다. 졸리기도 했고 정신이 맑아지기도 했습니다. 몸을 돌던 피와 물은 뚫린 구멍은 오직 눈 하나밖에 없다는 듯이 눈으로 모이기 시작했습니다. 샘에 물이 차듯, 달을 따라 바닷물이 밀려오듯 눈에 가득 찬 피와 물은 봄비처럼 소리 없이 새로 입은 가사 앞자락을 적시기 시작했습니다.

　그렇게 가초의 독경 소리에 모두 떠다니고 있을 때, 절 마당 구석에 있는 한 사내가 조용히 몸을 일으켰습니다. 그는 주변 사람들을 죽 돌아보았습니다. 그러곤 법당 안으로 눈길을 돌렸습니다. 일연스님은 더는 해 줄 이야기가 없다는 듯 눈을 감고 있었습니다. 무극스님은 뒤돌아 앉아 있었습니다. 그는 조심스레 그러나 단호하게 발을 떼어 절 밖으로 향했습니다. 무엇인가 다 해결되지 않은 무거운 짐을 어깨 가득 둘러맨 듯 사천왕문을 빠져나가는 그 뒷모습을 노래 부르던 가초 혼자 바라보고 있었습니다.

[16] 《삼국유사》 권1, 〈기이(紀異)〉제1〉 편에 나오는 이야기.

[17] 輪廻. 생명을 가진 모든 중생들은 죽어도 다른 모습으로 다시 태어나 삶을 이어간다는 불교의 사상.

[18] 《삼국유사》 권3, 〈흥법(興法)제3〉 편에 나오는 이야기.

[19] 하늘을 날아다니며 하계 사람과 왕래한다는 여자 선인(仙人).

[20] 원래는 하늘을 날아 다니며 사람을 잡아먹는 사나운 귀신이었으나 불교에서는 불법(佛法)과 재산을 지키는 수호신처럼 표현된다.

탑에 담긴
마음을 보라

관음보살이 들고 있는 목 긴 물병인 정병을 그리는 든금의 손은 침착했습니다. 붓이 빗나가 한 획이라도 어긋나면 그 안의 감로수가 모두 쏟아질 것처럼 조심스레 정성을 모았으나 어제와 오늘이 다르게 성장하고 있는 든금의 붓질에는 은근한 자신감이 배어 있었습니다.

든금이 행여 땀이 흘러 그림에 떨어질까 두건과 복면으로 얼굴을 꽁꽁 싸맨 채 눈으로는 전체를 보며 손으로는 사냥꾼처럼 한 획을 노리고 있었습니다. 든금은 선 하나를 그어 형태를 만들고 다시 형태가 모여 뜻을 이루는 모습을 보면서 무어라 말할 수 없는 큰 기쁨에 싸였습니다. 지금은 비록 작은 스님들이 그려 준 밑그림에 색을 입히는 일을 하지만 그림을 그리는 일은 놀라운 경험이었고 신나는 일이었으며 무엇보다 재미있었습니다.

"든금아?"

"……."

바닥에 꼼짝없이 엎드려 공양 때가 된 것도 잊고 그림에 몰두하고 있는 든금의 뒤에서 생동은 한참을 기다려 주었습니다. 그러나 조심스레 한 번 더 불러도 든금이 고개를 돌리지 않자 생동은 고픈 배를 만지며 한 번 더 큰 소리로 불렀습니다.

"아, 생동이 왔구나."

고양이가 세수하며 묻힌 듯 군데군데 물감이 묻어 있는 든금의 얼굴을 보며 생동은 짜증 대신 피식 웃음이 났습니다.

"혼자서 뭐해? 작은 스님들은 너만 내버려두고 자기들끼리만 가버린 거야? 공양 때가 되면 알아서 와야지. 너 하나 빠진다고 누가 기다려 줄 것 같아? 벌써 해가 붉어졌다고."

"어? 벌써 그렇게 됐네. 알았어. 스님들이 끝내라고 하신 이 부분만 마저 하고."

"그러다 밥때 놓친다. 괜히 나중에 공양간 누룽지 뒤지지 말고 어서 일어나."

"그래, 그래. 잠깐만……."

지난봄 수계식이 끝난 다음 날, 일연스님은 든금과 생동을 따로 부르셨습니다. 일연스님 암자를 찾아 절을 올리고 단정히 꿇어앉은 두 사람에게 스님은 뜻밖의 말씀을 주셨습니다.

"사미는 행자와는 엄연히 다른 법. 너희도 이제 허드렛일을 그만두고 각자 필요한 소임을 맡아야 한다."

"……."

"옛 우리의 삼국 이야기들을 모으고 정리하고자 하는 내 일을 가초가 돕고 있는 것은 알고 있느냐?"

"네, 큰스님."

"그것처럼 너희 둘도 따로 할 일이 있어야 하지 않겠느냐? 하고자 하는 일이 있느냐?"

"생동이야 할 일이 있다 하겠지만 본디 배운 것 없는 제가 무슨 일을 하겠습니까? 길지 않은 반야심경도 겨우 외울 뿐이고 가르쳐 주신 글자도 뜻이 가물가물해서 글을 쓰기보다는 그리는 형편입니다."

"알고 있다. 그래서 든금이 너는 그리는 일을 했으면 한다."

"네?"

"부처님 뜻이 어찌 말로만, 글로만 나타나겠느냐. 부처께서도 영취산에서 여러 말씀을 하시기보다 연꽃 한 송이를 손에 들어 보이시어 가섭 존자가 그 뜻을 홀로 깨달아 미소 지으셨다 한다.[21] 밝은 이를 깨우침으로 인도하는 연꽃을 그리는 일이 너의 일일 수 있는 것이다.

또한, 너처럼 글에 밝지 못한 중생을 위해서라도 탱화[22]는 필요한 법이다. 그러하니 책에, 벽에, 탑에, 법당에 부처와 보살과 선사와 중생을 그리는 일을 배우기 시작해라. 그리는 일은 모든 만들고 보이는 것의 기초이니 그 일을 갈고닦아 중생을 제도하는 한길을 이루도록 하거라. 또한, 그 일이 손에 익으면 반드시 지금 내가 하는 일에도 쓰임이 있을 것이다."

"하지만 큰스님. 제가 어찌 부처님을 드러내고 빛을 내는 존귀한 일을 할 수 있겠습니까? 전 먼 산이나, 어슬렁거리는 강아지 발자국이나 그려 봤을 뿐입니다. 그림엔 뜻이 담기고 생각이 있어야 하는데 전 도무지……."

"그렇지, 바로 그것이다. 법당에 모셔진 부처님은 알고 보면 쇳덩이일 뿐이고 부처님 사리를 모시는 절 한가운데의 탑은 한낱 돌덩이일 뿐이다. 그러나 사람들은 그 앞에 간절히 절을 올리고 고개를 숙인다. 이유가 무엇이겠느냐. 그 쇳덩이, 돌덩이에 담겨진 뜻을 보기 때문이다. 탑을 보아라. 아육왕[23]이 세운 천축국(현재의 인도)의 탑 8만 4천 개는 고구려 땅 요동까지 이어져 부처님 말씀을 널리 전하고 가야의 시조 수로왕의 왕비 허황옥이 저 멀리 아유타국에서 싣고 온 파사석탑은 아직도 금관(지금의 김해시) 땅 호계사에 남아 왕후의 진실함을 전해 준다. 그뿐이냐. 경주 황룡사의 9층 목탑은 나라를 지키려는 온 백성의 기도가 들어 있는 것이다. 파사석탑의 모양이 신기하고 황룡사의 탑이 웅장해도 그 안의 뜻에는 미치지 못함이니 눈을 속이는 겉모습에 휘둘리지 말고 그 모양을 넘어서 그 안에 담긴 마음을 보아야 한다. 든금이 너는 이미 그 중요함을 알고 있으니 잘해

낼 거라 믿는다."

가슴이 작아 쉽게 마음 다치고 여럿보다는 혼자 있기 좋아하는 든금에게 그림은 알맞은 일이었습니다. 생동은 든금이 절 마당 한구석에서 시간 날 때마다 쪼그리고 앉아 흙바닥에 끄적거리는 그림들을 유심히 보시던 일연스님 모습이 떠올랐습니다. 그러나 자신에게 주어질 일은 가늠할 수가 없었습니다. 속세에서는 좋은 집에 태어나 어려서부터 글공부를 하였으나 전쟁 통에 오래전 일이 되어서 가초에게는 비교할 수준이 아니었고, 든금처럼 가만히 앉아 엉덩이에 땀 찰 때까지 무엇인가에 오래 집중할 수 있는 성격도 아니었기 때문입니다. 그런 생각에 빠져 있을 때 일연스님은 뜻밖의 말씀을 하셨습니다.

"생동은 계속 무예를 연마하거라."

생동은 처음에 잘못 들었나 했습니다. 옆을 돌아보다 자기보다 더 놀란 얼굴로 입을 떡 벌리고 있는 든금과 눈이 마주쳤습니다. 눈산에서 길을 잃어 목숨까지 덩달아 잃을 뻔한 일을 겪은 후 일연스님의 걱정이 있었어도 생동은 밤마다 몰래 하는 칼 공부를 멈추지 않았습니다. 오히려 겨울이 지나고 날이 따뜻해지면서 늘어가는 훈련 양에 비례해 같이 커가는 실력에 스스로 대견해 하던 참이었습니다. 조금만 더 하면 훨씬 잘할 수 있을 텐데 하는 아쉬움을 곱씹고 있던 참에 일연스님이 이렇듯 길을 열어 주신 것이었습니다.

일연스님 곁에서 아무 말 없이 듣고만 있던 무극스님도 꽤 놀라는 눈치였습니다. 무극스님은 무슨 말인가를 하려다 일연스님의 단호한 표정을 보고는 이내 입을 다물었습니다.

"신라의 원효스님께서 의상스님과 더불어 당으로 유학길에 오르셨을 때 밤새 썩은 해골 물을 드시고는 아침에 큰 깨달음을 얻으셨다. '밤새워 마신 단물이 아침에 보니 썩은 물이구나. 내가 마신 물은 모두 한 가지인 걸, 어젯밤은 달고 달더니 오늘 아침엔 욕지기가 올라오는구나.' 모든 것이 사람 마음에 달렸다는 '일체유심조(一切唯心造)'의 뜻을 말이다.[24] 그러나 사실 사람에게 더 중요한 것이 있으니 그것은 마음이 아니라 몸이다. 병들어 자리에 누운 이가 앞날을 도모하기 힘든 법이니 몸이 강건하지 않으면 어떤 좋은 생각도 자리 잡을 수 없다. 원효스님이 해골 물을 드시고 그 자리에서 몸을 잃고 돌아가셨다면 어찌 나중에 큰 뜻을 이루셨겠느냐? 몸이 있어야 마음이 있다. 그러니 '일체유신조(一切唯身造)'라 할 만하다.

생동아, 상처난 뱀이 더 깊게 물려고 하는 법이며 조그만 강아지가 더 사납게 짖는다. 일단은 몸을 단련하여 너를 키우거라. 아무도 너를 해칠 수 없다는 생각이 들 때까지. 그리하면 언젠가 반드시 너도 절에 그도 아니면 세상에 쓰임이 있을 것이다."

든금이만큼은 아니었지만, 생동 역시 기뻤습니다. 온종일 몸을 묶고 있던 옷고름을 수련을 위해 풀어헤칠 때처럼 가슴 한가운데로 바람이 통하는 느낌이었습니다. 아침에 일어나 눈곱을 떼어낼 때처럼 눈앞이 깨끗해졌습니다. 언제나 어렵기만 하던 일연스님의 곁으로 조금은 다가앉은 듯했습니다.

그림을 그리는 암자는 요사채보다 산속으로 한참 더 들어가 있었습니다. 불화는 완성되기 전에는 보일 수 없어 사람들의 눈길이 뜸한 곳을 골라야 했고 워낙에 집중이 필요한 일이어서 소리도 뜸한 곳을 찾아야 했기 때문이었습니다. 더군다나 그림에 들어가는 물감도 귀한 것이어서 발길 잦은 곳에 둘 수 없었습니다.

아침 공양을 마치고 오전 공부가 끝나면 든금과 생동은 나란히 산에 올라 든금이 먼저 암자로 들어가면 생동은 거기서 한참을 더 들어가 훈련에 임하곤 했습니다. 훈련을 하면서 봄, 여름, 가을을 지나고 있었습니다. 생동의 칼은 길을 찾아내고 있었습니다. 작은 가지 하나를 겨누어도 힘을 빼지 않던 봄과 달리 생명이 다해 떨어지는 낙엽만을 향했습니다. 맨손의 생동은 나무를 꺾어 힘을 키우기보다 건드린 나무가 튕겨 나오는 반격을 피하는 몸놀림에 적응하고 있었습니다. 나무에 올라 새 둥지 속의 알을 뒤져 한입에 털어 넣던 일도 그만둔 지 한참이었습니다.

"자, 업혀."

"또?"

"무예에서 기합을 넣는 일이 얼마나 중요한 일인지 너도 알지?

그런데 너 부처님 그리는데 방해될까 봐 산속에서 입 꼭 다물고 수련하느라 내가 얼마나 고생하는 줄 알아? 입만 다무는 게 아니야. 방귀까지 참는다니까. 그러니 어서 업혀."

"아니, 아무리 그래도……."

"너 편하라고 그러는 거 아니야. 내 다리를 위한 마무리 훈련이고 또 너랑 느릿느릿 가다가는 진짜 오늘 밤 보리 한 톨 구경 못할 것 같아서 그래. 그러니 어여."

"아니 이러다 누가 보면 어쩌려고……."

산은 오를 때보다 내려올 때가 훨씬 조심스러웠습니다. 더구나 든금이 생동에 비해 아무리 작고 가볍다 해도 사람을 업는 건 쉽지 않은 일이었습니다. 그렇지만 생동의 훈련은 효과를 나타내고 있었습니다. 나뭇짐과 달리 살아 움직이는 사람을 업으면서 내 몸 하나뿐만 아니라 내 몸과 연결된 다른 몸의 흔들림도 알아차릴 수 있었고 넘어지지 않기 위해 발끝에 집중하면서 피하고 뛰어넘는 일이 쉬워졌습니다. 무엇보다 허벅지가 서까래 서너 개 정도로 부풀어 오르는 모양이 보기 좋았습니다.

계곡물에 몸을 씻고 햇볕에 앉아 참선하며 말린 생동의 몸이 다시 땀으로 젖기 시작했습니다. 생동이 아랑곳하지 않고 든금을 업고 경중경중 뛰며 나무뿌리와 돌부리를 피하는 데 온 신경을 쓰며 이제는 다 왔나 할 때쯤 갑자기 든금이 꽉 목을 졸랐습니다.

"켁켁…… 아니 왜 이래?"

"머머머…… 멈춰…… 저저저…… 저기 좀 봐."

"어디? 뭐가 있다고 그래?"

부쩍 짧아진 해였지만 아직 먼 곳을 구분할 수 없을 만큼 어둡지는 않았습니다. 든금을 업은 채 절 쪽을 바라보는 생동의 눈에는 대웅전 앞 동쪽 탑의 꼭대기만 살짝 보일 뿐이었습니다.

"낯선 사람들이 한가득이야. 대웅전 앞에 잔뜩 몰려와 있어."

그제야 생동의 귀에 무언가 와와 하는 소리가 들려왔습니다. 든금을 내려놓은 생동은 얼른 가까운 나무 위로 올랐습니다. 생동의 눈에 들어온 절 마당에선 한눈에 보기에도 심상치 않은 일이 벌어지고 있었습니다. 둘은 자세하게 형편을 살피기 위해 요사채 쪽으로 조심스럽게 다가갔습니다. 몸을 잔뜩 숙이고 요사채 안으로 들어서자 선방마다 문이 부서져 있고 이리저리 깨진 바리때들만 흩어져 있었습니다. 섬돌엔 군데군데 핏자국도 보이는 게 큰일이 난 것이 분명했습니다.

"이게 무슨 일이야? 또 전쟁이 난 거야?"

울상이 되어 묻는 든금의 입을 생동이 막았습니다. 그러곤 요사채 담벼락 밑으로 든금을 끌고 가 입을 벌리지 말라는 뜻으로 눈을 부릅떠 보였습니다. 살그머니 고개를 들어 담장 너머 절 마당을 내려다보자 생동은 그제야 무슨 일이 벌어졌는지 알 수 있었습니다. 그동안 곡식을 달라 경고만 하던 깜깜이네 패거리가 드디어 절문을 부수고 쳐들어온 것이었습니다.

대웅전 용화교 위엔 무극스님을 비롯한 작은 스님들과 가초와 같은 사미, 행자들이 버티고 있었고 그 아래엔 손마다 몽둥이를 든 산적들이 씩씩대며 노려보고 있었습니다. 한바탕 소동이 지나고 서로들 숨을 고르는 모양이었습니다. 그때 절 마당 쪽에서 한 사내가 스님들 앞으로 나섰습니다. 굵은 목의 낯익은 뒷모습. 부처님 오신 날 연등회에서 보았던 그 사내였습니다.

"스님들. 이제 곧 해가 질 터이고 먼 집으로 돌아가야 하는 저희 사정을 보아서라도 이제 좀 자비를 베푸시지요."

"자비를 베풀어 달라는 자들이 산문을 함부로 더럽히고 스님들을 해치는가?"

"저희가 어찌 처음부터 못난 힘을 쓰는 부랑배였겠습니까? 여러 차례 좋게 말씀을 드려도 못 알아들으셨던 스님들이 스스로 부른 화인 게지요."

말뜻은 분명 비아냥거리는 것이었으나 사내의 표정은 진지하고 차분했습니다. 아니 오히려 깍듯이 고개를 숙여 말하는 모양이 정말 자비를 구하는 산 아래 백성 같았습니다. 오히려 노여움에 평정심을 잃고 있는 것은 대거리를 받아 주고 계신 무극스님 같았습니다.

"무엄하다. 여기가 어디인지 알고나 떠드는 것인가? 나랏님도 고개를 숙여 법문을 들으신다는 일연스님께서 계신 곳이다."

"아참. 그러시지요. 제가 그걸 미처 깨닫지 못하고 있었습니다. 허허. 그런데 그 스님께서는 저번 봄 연등회에서 어린 행자들 계를 주시면서 세상의 물건은 본디 주인이 없다 하셨던 것으로 기억하는데요? 그러니 지금은 코빼기도 보이지 않으시지만 이 굶주린 백성이 곡식을 좀 나누어 쓰자 해서 가져갔다 하시면 그리 큰 책망은 하지 않으실 겁니다."

든금을 업기 시작하면서부터 지팡이 삼아 들고 내려온 목검을 꽉 쥔 채 생동은 그 모든 걸 보고 들었습니다. 어금니를 깨물고 점점 눈에 핏발이 서는 생동을 든금은 겁에 질린 채 쳐다보고 있었습니다. 든금은 몸이 떨려 목소리까지 흔들리면서도 생동의 오른팔을 두 팔로 힘껏 안았습니다.

"안 돼. 나가면 죽을 수도 있어."

"이거 봐. 뭐 죽는다고? 너 이제 꼬박꼬박 절밥 먹으면서 붓이나 잡고 사니까 옛날 일이 생각나지 않는 거지? 잊은 거지? 어? 난 벌써 여러 번 죽었어. 아니 우린 이미 죽었던 목숨이라고."

"큰스님도 계시지 않잖아요. 그러니까……."

든금이 갑자기 말을 올려 존대를 쓰자 생동은 멈칫했습니다. 함성과 비명, 타는 냄새와 피비린내, 말발굽 소리와 화살이 나는 소리……. 그 속에서 늘 이렇게 간절하게 붙어 있던 든금이 생동은 갑자기 생각났습니다. 그 모든 걸 잊고 있던 것은 어쩌면 나였을까? 하는데 마당 쪽에서 일연스님의 목소리가 들려왔습니다.

"부처님 오신 기쁜 날, 곧 울 것 같은 얼굴로 서성이더니 법문은 제대로 들은 모양이구나."

산적들 뒤쪽에서 일연스님이 걸어오고 계셨습니다. 어디 산책이라도 다녀오시는 듯 가사도 걸치지 않으시고 지팡이 하나 짚으신 편안한 모습이었습니다. 되돌아본 산적들은 놀란 듯 꼼짝 않았고 가까이 있던 한 놈은 허리를 숙여 절을 하려다 옆에 놈에게 옆구리를 쥐어박히기도 했습니다.

"그대가 호거산에서 사람을 모은다는 깜깜이인가?"

"모으지 않습니다. 아비는 오랑캐에 목숨을 잃고, 어미는 관리들의 수탈에 등이 휘고, 아들놈은 남자 구실 못하는 환관으로 잡혀가고, 딸년은 공녀로 끌려가는 집들이 스스로 모이고 있을 뿐입니다."

"모여서 무얼 하는가? 원한을 풀고자 원한을 만드는 것인가?"

"산속에만 계시니 산 밑 사람들이 어찌 사는지 모르십니다. 풀고자 하는 원한은 누가 만들었으며 갚고자 하는 원한은 누가 받아야 하는지 정말 모르시는 겁니까?"

"바로 그 말이다. 아비를 잃었다고 아비를 잃게 하고 어미가 죽었다고 어미를 죽게 하는 게 그대들의 일인가를 묻는 것이다."

"피붙이를 또 잃게 하려 모이는 것이 아닙니다. 있는 피붙이나마 굶어 죽는 꼴은 막아 보려 나서는 겁니다. 그러니 시주로 쌓인 곡식, 이 무지렁이들에게 나누어 주시면 성불의 길에 한 걸음 가까이 가시는 겁니다."

일연스님의 등장에 잠시 놀란 것 같던 깜깜이가 다시 정신을 차린 듯 비아냥거렸습니다. 그 말대꾸가 신호인 듯 깜깜이 패거리 한가운데를 지나는 일연스님 주변으로 산적들이 슬슬 다가가기 시작했습니다. 무극스님의 눈에는 일연스님 주변의 산 사람들은 보이지 않고 오직 그들이 들고 있는 무기만 들어왔습니다.

"큰스님 주변으로, 어서!"

일연스님의 괜찮다는 눈빛이 되돌아오기도 전에 먼저 행자들이 뛰어내렸고 뒤를 이어 작은스님들이 일제히 산적들과 섞였습니다. 변변한 무기도 없이 맨손이 대부분인 스님들은 일연스님을 에워싸고 저항했지만 날아오는 몽둥이에 하나하나 쓰러져 가기 시작했습니다.

일연스님은 얼굴에 아무런 표정도 없이 계속 발걸음을 옮겼습니다. 산적들의 손이 일연스님 옷깃에 닿을려할 때쯤 갑자기 대웅전 쪽으로 조금씩 길이 나기 시작했습니다. 생동이었습니다. 생동은 서두르는 기색 없이 산적들을 하나씩 제압하며 일연스님 쪽을 향하고 있었습니다.

생동을 향하는 몽둥이들은 가까이 오다가도 불길 위에 재가 내리다 다시 하늘로 오르듯 생동의 주변에서만 춤을 추었고 생동은 큰 덩치에 어울리지 않게 그 틈으로 들어가 산적들의 아랫배를 한 대씩 쥐어박아 무릎을 꿇렸습니다. 목검은 휘두르지도 않고 뛰듯 기듯 날듯 걷듯 산적들을 밟고 지나가는 생동의 뒤에는 배를 움켜쥐고 나뒹구는 산적들이 쌓여 갔습니다. 그러나 더욱 놀라운 것은 가초였습니다. 가초는 거의 움직임이 없어 보이면서도 생동의 주변에서 생동보다 더 많은 산적을 쓰러뜨리고 있었습니다. 불필요한 동작은 전혀 없이 빠르고 정확하게 급소를 지르는 가초 옆에서 산적들의 신음이 더 많이 들려왔습니다.

판세가 역전되려 하자 산적들은 모두 생동과 가초를 둘러쌌습니다. 어림잡아도 100명은 넘어 보이던 산적 중에 멀쩡하게 서서 이 둘을 둘러싸고 있는 수는 이제 반도 되지 않았습니다. 둘의 솜씨를 본 산적들은 둘러싸기만 할 뿐 쉽게 나서지 못했고 생동과 가초 역시 일연스님이 안전한 곳에 이르시기를 기다리면서 숨을 고르고 있었습니다.

그 사이 깜깜이는 쓰러진 자 중 상태가 좀 나아 보이는 몇을 일으켜 무어라 귓속말을 건넸습니다. 그들은 깜깜이의 지시를 받은 듯 낑낑대는 자기 패거리들을 부축하고 서둘러 절 밖으로 빠져나갔습니다. 다친 자들이 모두 자취를 감추자 깜깜이는 몸을 돌려 생동과 가초 쪽으로 향했습니다. 그러나 둘 앞에 나서지는 않고 산적들 뒤에 멈춘 후 입을 열었습니다.

"요즘 젊은 스님들은 목탁보다 몽둥이를 더 자주 쥐고 사시는가 봅니다. 그리도 곡식을 아까워하시니 우리도 다른 방도를 찾아야 하지 않겠습니까?"

생동과 가초는 순간 이들이 무언가 다른 계획도 준비했을 거라는 생각이 들었습니다. 그게 무엇일까 빠르게 절을 둘러보는데 깜깜이가 몽둥이를 들어 생동을 가리키며 말을 이었습니다.

"그리고 그쪽에 목검을 든 스님. 사람이 은혜를 잊으면 짐승만도 못하다 했는데 스님이 은혜를 원수로 갚으시다니 지옥불이 두렵지 않으십니까?"

생동은 자신을 향해 날아온 말이 무슨 뜻인지 알아듣지 못했습니다. 가초는 생동을 돌아보며 대꾸를 해 주라는 표정이었지만 생동은 답을 찾을 수 없었습니다. 그렇게 둘이 생각을 하느라 자세가 흩어지자 깜깜이는 얼른 그 틈을 이용해 소리 질렀습니다.

"이보게, 저 둘을 꽉 막게."

다시 몽둥이가 쏟아지기 시작했습니다. 길을 내기 위해 몇몇만을 상대하는 것과 빙 둘러싸여 한번에 공격을 받는 것은 다른 차원의 싸움이었습니다. 가초의 숨소리가 거칠어지면서 주춤주춤 뒤로 밀리는 사이 생동은 목검을 들어 몽둥이를 막아내면서 다른 한 눈으로는 깜깜이를 찾고 있었습니다.

"탑이다. 탑을 지키거라."

무극스님의 목소리였습니다. 서둘러 탑 쪽을 바라보자 깜깜이가 온몸으로 서쪽 탑을 밀고 있었습니다. '탑 속의 사리함! 부처님의 진신 사리를 담고 있다는 황금 사리함을 노리고 있다.' 높이가 세 길이 넘어 처음에는 끄떡도 하지 않던 3층탑은 깜깜이가 어깨를 밀어 넣어 2층 옥개석을 아래에서 위로 들어 올리자 흔들거리기 시작했습니다.

생동은 마음이 급해졌습니다. 이제는 인정사정 봐줄 수 없었습니다. 닥치는 대로 목검을 휘둘러 길을 연 생동은 몸을 날려 탑에 붙어 있는 깜깜이의 등에 올라탔습니다. 목을 감아 탑에서 깜깜이를 떼어 놓으려 하는데 갑자기 머릿속이 환해지며 조금 전 들었던 깜깜이의 말이 무슨 뜻인지, 연등회에서 보았던 넓은 등이 누구의 것인지 떠올랐습니다. '이 자다. 이 산적 두목 깜깜이가 그날 눈 속에서 든금이와 나를 업고 내려왔구나.'

그 생각에 미치자 목을 감았던 팔에 힘이 풀리며 생동은 어찌할 바를 몰랐습니다. 순간 깜깜이의 커다란 손이 어깨 뒤로 넘어와 생동의 뒷덜미를 쥐는 게 느껴졌습니다. 몸이 공중에 붕 뜬다고 생각하는 순간 생동은 무언가에 거꾸로 처박히면서 정신을 잃었습니다.

[21] 염화시중(拈華示衆)의 미소. 이심전심(以心傳心)의 이야기.

[22] 幀畵. 불교의 여러 신앙 모습을 그린 그림.

[23] 아소카왕(阿育王). 고대 인도 마우리아 왕조 제3대 왕으로 인도를 통일하여 전성기를 맞이하였으며 불교를 장려하였다.

[24] 중국 송 나라의 스님인 찬녕(贊寧:919~1002)이 쓴 책인 《송고승전(宋高僧傳)》에 나오는 이야기로 이 책에는 중국뿐만 아니라 우리나라 고승들의 이야기도 많이 실려 있다.

5

탑에 담긴
마음까지 버려라

"매사냥에 저와 같은 승려를 부르시다니요? 저에게도 욕을 보이려 하십니까?"

"허허…… 과인이 어찌 우리 존귀한 대선사께 그런 망령된 행동을 저지르겠습니까? 이곳 경주에 도착하셨다는 이야기는 들었으나 며칠이 지나도록 당최 제 앞에 나서지 않으시고, 그래서 급한 마음에 어쩔 수 없이 사람을 보내 모시게 되었습니다. 그동안 잘 지내셨습니까?"

일연스님은 호거산에 머물던 지난 4년을 잠깐 생각했습니다. 왕의 주선이긴 하였으나 가초 하나만을 앞세우고 운문사에 들던 때부터 든금과 생동을 절에 데리고 들어온 일, 그리고 깜깜이 패거리가 탑을 부수고 그 안에서 꺼내 들고 도망간 사리함 등이 아프게 떠올랐습니다.

"듣자하니 경주에 오시자마자 시자들을 풀어 인근 장바닥을 돌게 하셨다는데 특별히 구하시는 물건이라도 있으십니까? 그런 일이라면 제 밑에 날랜 병사들을 시키시지 그러셨습니까?"

"속세를 떠난 중이 욕심내는 물건이 어디 있겠습니까? 산속에 오래 머물던 시자들이라 중생들 사는 것이 얼마나 힘든 것인지 알게 하려는 뜻이었습니다. 더구나 이번 일본 정벌에 또다시 우리 백성이 대거 동원된다고 하니 사람을 쓸 일이 있어도 어찌 부탁을 올리겠습니까?"

일본 정벌 이야기가 나오자 충렬왕은 짧게 한숨을 쉬며 팔뚝 위에 올라앉아 있는 보라매의 가슴을 쓸었습니다. 7년 전 좌군사 김신을 비롯해 만 명이 넘는 고려와 몽골의 병사들이 일본을 정벌하러 나섰다가 큰 비바람에 쓸려 그 앞바다에 빠진 일이 어제 같은데 장인인 쿠빌라이 황제는 다시 일본을 공격하라 조르고 있었습니다. 이번엔 몽골의 군사만 15만 명에 이르러 고려가 어지간한 규모로 지원해서는 그들의 성을 채울 수 없을 것이었습니다. 자신이 직접 경주에 내려온 것도 동정군을 격려하고 지원하라는 몽골의 압력 때문이었습니다.

"그래서 과인이 대선사를 뵙자 하는 것 아니겠습니까? 전쟁은 끝나지 않았습니다. 이제는 다른 나라 전쟁에까지 끼여 우리 물자와 인명을 바쳐야 하니 용상이 용상이 아니라 가시방석입니다."

그때 산 밑에서 알아들을 수 없는 큰 소리가 들려왔습니다. 충렬왕은 잠깐 하는 표정으로 스님을 바라본 후 팔뚝 위의 보라매를 힘차게 날렸습니다. 매는 산을 넘어오는 바람을 타고 한참을 올라 하늘을 몇 바퀴 돌았습니다. 파란 하늘에 작은 점처럼 흔들리던 매는 먹잇감을 찾은 듯 곧 땅으로 내리꽂혔습니다. 매는 시야에서 잠깐 사라졌다가 무언가를 매달고 다시 나타났습니다. 토끼의 목덜미를 발톱으로 깊게 찌른 채 매는 곧장 충렬왕 쪽으로 날아와 왕의 발밑에 사냥감을 떨어뜨리곤 아무 일도 없었다는 듯 정해진 횟대에 천연덕스레 날아가 앉았습니다. 그 모습을 본 충렬왕이 말했습니다.

"사냥 전에 저놈들에게 아무것도 먹이지 않습니다. 배가 부르면 인간이나 짐승이나 사냥을 하지 않으려 하기 때문이지요. 시킨 일을 다 해내야 비로소 작은 먹이를 보상으로 줄 뿐이지요."

"그래서 매가 불쌍하다는 말씀이십니까? 제가 보기에 제일 가여운 것은 토끼입니다. 사람과 매의 놀이에 끼여 목숨을 잃어야 하는 토끼 말입니다."

"토끼는 남에게 즐거움을 주고 죄 없이 죽었으니 반드시 극락왕생할 텐데 어찌 불쌍하다 하십니까? 제 땅을 잃고 힘센 사람에게 붙들려, 사는 내내 치욕을 당하는 매가 더 불쌍하지요."

"매는 적어도 자기가 치욕을 당하는 동안 그걸 풀기 위해 다른 매를 괴롭히지는 않습니다."

순간 왕의 눈빛은 흔들렸습니다. 고려의 왕자로 태어나 부인과 자식을 두었지만, 아버지의 뜻에 따라 수천 금을 갖다 바치며 말도 잘 통하지 않는 침략국의 공주와 다시 혼인해야 하는 처지. 그 처지를 잊기 위해 자신이 빠져 있는 이 가벼운 놀이마저, 마음 깊이 가장 믿고 있는 일연스님은 꾸짖고 있습니다. 충렬왕은 변발로 훤해진 앞머리에 땀이 몽글대며 솟는 게 느껴졌습니다.

"대선사께서는 꼭 응방의 착응별감[25] 이라도 되신 듯한 말씀을 하십니다."

"나라의 녹을 먹는 전하의 관리를 어찌 저같은 일개 중과 비교하십니까? 저는 그들처럼 민가의 개와 닭을 함부로 잡아 사사로이 제 배를 불리고 남는 것은 매 먹이로 던져 주는 일은 감히 하지 못합니다."

"선사!"

신라 때부터 불상과 절터가 등성이와 계곡마다 가득한 이 신령한 남산에서 피 냄새를 풍기며 매사냥을 즐기는 왕을 일연스님은 용서하기 어려웠습니다. 삼국 중에서도 가장 오랫동안 부처님을 모셔 온 신라의 이야기들을 모으고 그것을 확인하기 위해 몇 번이나 오르내린 이 절산의 수많은 부처님 앞에서 살아 있는 목숨을 재미로 희롱하는 왕을 보는 일은 고역이었습니다.

몽골과의 끔찍한 전란 속에서 태어나 세자로서 겪은 고초를 모르는 바는 아닙니다. 하지만 왕이 된 지금 자신의 괴로움에만 갇혀 있다는 것은 자신은 물론 고려의 백성에게도 크나큰 고통을 주는 일이었습니다. 이제 여든을 바라보는 일연스님에게 왕이 알아야 할 바를 바른대로 말한 후환에 대한 두려움은 없었습니다. 그건 국사이기 이전에 오래 산 노인의 마땅한 도리라고 생각했기 때문입니다.

그러나 일연스님은 자신이 머물던 운문사로 여러 번 사람을 보내 경주로 내려와 줄 것을 간청한 왕에게 처음부터 모질게 속내를 드러내고 싶지 않았습니다. 그보단 책에 남기기 위해 모으면서 알게 된 이 땅의 영험한 이야기를 해 주는 것이 더 낫다고 생각했습니다.

"전하. 방금 저 매가 사냥을 해 온 곳이 어딘지 아십니까? 신라 진흥왕이 궁궐을 지으려다 황룡이 나타나자 사찰로 바꾼 곳, 바로 황룡사 터입니다. 황룡사가 어떤 절입니까? 바로 부처님의 제자이신 가섭 존자께서 계시면서 제자 2만 명을 기른 곳이라 여러 경전에 나와 있는 곳입니다. 문수보살이 자장 대사에게 일러 주신 바로는 인도의 아육대왕이 철 5만7천 근, 황금 3만 푼을 배에 실어 보낸 지 1300년 만에 이 땅에 도착해 만들어진 장육존상이 계셨던 곳입니다. 또한, 신라 주변 아홉 나라를 누르기 위해 183척[26]에 이르는 9층탑이 세워진 곳이기도 합니다."[27]

"아홉 나라를 누르기 위해 세운 황룡사의 탑이라……. 그 탑이 저들의 손에 불 타 사라진 게 내가 걸음마 하던 때의 일이니 이제 우리는 거꾸로 아홉 나라의 침략을 받아야 하오? 그렇다면 그중 하나는 벌써 들어맞았군요."

"그렇지 않습니다. 세상에 영원한 것은 없는 법, 탑은 언젠가 무너졌어도 무너졌을 것입니다. 다만 탑이 쓰러져도 그 탑에 담긴 정신은 잊으면 안 되는 것입니다. 부처님의 힘을 빌려 나라를 지키겠다는 신라 사람들의 간절한 마음을 잊으시면 아니 된다는 말씀이지요. 그 터를 빌어 생명을 해치는 사냥터로 삼으시면 안 된다는 말씀이지요."

일연스님은 황룡사 9층 목탑 이야기를 하면서 한편으론 운문사의 3층탑을 생각했습니다. 부처께서 열반에 드시고 다비[28]를 통해 나온 사리를 소중히 보관하기 위해 만들기 시작한 불탑. 당시에도 부처의 사리를 차지하기 위해 여덟 나라가 싸움을 벌이고 결국은 싸움을 멈추기 위해 똑같이 나누어 각각의 나라에 탑을 세울 수밖에 없었다는 이야기도 생각났습니다. 부처님의 뜻을 나타내기 위해 세운 탑이 오히려 인간들의 욕심에서 비롯된 싸움의 중심에 서게 된다는 사실이 일연스님은 너무나 가슴 아팠습니다.

"그 간절한 마음이 우리에게는 없었겠습니까? 내가 태어나던 해 시작해 16년 동안이나 하나하나 파 내려간 팔만 장의 대장경은 어떻고요? 결국 대장경이 우리 고려를 구했습니까? 항복의 굴욕만이 있었을 뿐입니다. 대선사, 전 알 수가 없어요. 무엇이 바른 것인지, 무엇이 하늘의 뜻인지. 그래서 이렇게 노는 겁니다. 술, 사냥, 여자에 빠지다 보면 아하 이렇게 가까운 곳에 극락의 길이 있었구나 싶더군요. 하하하."

충렬왕의 웃음소리는 길게 가지 않았습니다. 일연스님은 무슨 말인가를 더 하려다 입을 닫고 조용히 왕의 곁에서 물러 나왔습니다. 일연스님은 누워 있는 병자에게 일어나 뛰는 법을 가르치는 것은 어리석은 일임을 잘 알고 있었습니다. 그 상처가 무엇이건 가만히 지켜봐 주는 것이 때로 큰 치료가 된다는 사실도 잘 알고 있었습니다.

산에서 내려와 경주의 거리를 지나는 동안 일연스님은 아무 말이 없으셨습니다. 군데군데 머물고 있는 병사들은 곧 시작될 새로운 전쟁 소식에 겁먹은 얼굴로 수군대고 있었고 낮게 엎드린 초가 속의 사람들은 해골 같은 얼굴로 오직 입에 넣을 것만 찾고 있었습니다.

신라의 으뜸 고을이었던 시절, 모여 사는 사람의 수가 무려 18만 호에 이르렀다는 경주도 오랜 전쟁의 사나운 힘 앞에 개 짖는 소리 하나 없이 늘어져 있을 뿐이었습니다. 스님이 짓고 있는 삼국의 이야기들에 등장하는 그 많은 신라의 왕과 법사와 하늘에 꼭 남겨져야 하는 이야기의 주인공들은 이제 일연스님의 붓끝에서만 숨 쉬고 있을 뿐이었습니다.

유일하게 옛날의 화려함을 보여 주는 높이 솟은 큰 무덤들 사이를 천천히 지나 분황사에 지친 걸음으로 다다른 일연스님은 방에 드시자마자 옷을 갈아입지도 않은 채로 가초와 생동, 든금을 부르셨습니다.

"오늘도 아무 소득이 없었느냐?"

"네, 큰스님……. 생동과 저는 서쪽과 남쪽 시장을 훑고 가초는 서역에서 온 장사치까지 만나 보았지만 무소득이었습니다."

가운데 앉은 든금이 마치 자신의 죄를 고백하듯 기어들며 말하는 것을 들으며 일연스님은 긴 숨을 쉬었습니다.

그 해의 큰 소동을 끝으로 깜깜이 패거리는 더는 절에 모습을 드러내지 않았습니다. 예상치 못한 스님들의 반격 때문이었는지, 아니면 정말로 훔쳐갈 것이 없다고 생각했는지 산 밑 마을에서도 그들의 소식을 아는 이는 없었습니다. 다만 그들이 가져간 사리함은 어느 권세가의 집에 비싸게 팔렸다는 소문만을 들을 수 있었습니다. 그 소동에서 제일 크게 다친 생동이 몸을 추스르고 온 절 식구가 힘을 모아 좋은 돌을 구해 탑을 다시 올리는 동안에도 일연스님의 머릿속에는 사리함에 대한 생각이 떠나지 않았습니다.

더 많은 시간이 지나 스무 살에 이른 가초와 생동, 든금이 구족계를 받고 사미를 벗어나 정식 스님이 된 사이에도 역시 잃어버린 사리함은 모습과 풍문을 드러내지 않았습니다. 그날의 싸움 끝에 생동의 얼굴에 길게 새겨진 흉터처럼 일연스님의 가슴에는 부처님을 향한 죄스런 마음이 자리 잡고 있었습니다.

그러던 중, 경주 근방 장시에서 무언가 굉장히 귀한 물건이 주인을 찾고 있다는 소식이 들려왔습니다. 무극스님과 같은 해에 출가한 경주 분황사의 주지스님이 전해 준 소식이었습니다. 일연스님은 직감적으로 그것이 운문사에 있었던 사리함임을 알아차렸습니다. 두 번째로 일본 정벌을 시작하려는 고려와 원의 군대를 격려하고자 경주에 와 있던 충렬왕의 부름을 이 핑계 저 핑계로 미루던 일연스님이 가초와 생동, 든금만 데리고 단번에 경주로 발걸음을 옮긴 것은 그 때문이었습니다. 그러나 도착한 날부터 셋을 경주 이곳저곳에 보내 행방을 쫓았지만, 보물을 쥔 자는 어떻게 알았는지 또 무슨 생각인지 모습을 감추고 있었습니다.

감포 앞바다에 와 있는 서역 상인을 만나느라 생동, 든금보다 늦게 돌아온 가초가 일연스님에게 이야기를 전했습니다.

"큰스님. 제가 조금 전에 이곳 행자들에게 이상한 이야기를 하나 들었습니다. 박씨 성을 가진 상인이 큰스님을 뵙겠다고 여러 차례 찾아왔다는 것입니다."

"내가 이곳에 머물고 있다는 걸 알고 있더라는 말이냐?"

"네, 큰스님."

"그리 입단속을 하였건만……. 귀찮게 되었구나. 그건 그렇고 그자가 무엇이 이상하다는 말이냐? 내가 무슨 큰 벼슬자리라도 하는

양 관직이며 승직을 부탁하러 오는 사람이 어디 한둘이었더냐?"

"저도 처음엔 그렇게 생각하였습니다. 그러나 그자가 큰스님이 자기를 만나 주시면 분명히 마음의 큰 돌덩이를 더실 거라고 이야기를 하더라는 것입니다."

일연스님은 그 말의 뜻을 어렵지 않게 알아차렸습니다.

"도둑이 제 발로 찾아온 듯싶습니다."

"설익은 판단은 조심해야 한다. 그러면 언제 다시 오겠다는 이야기는 없었느냐?"

"내일 해가 뜨고 아침 공양이 끝나는 대로 다시 찾아뵙겠다 하였답니다. 말은 장사치라 하나 분명 도적일 듯한데 생동과 제가 따로 준비하여야 하지 않겠습니까?"

"가초야. 어찌 자꾸 보지 않고도 그자를 다 아는 것처럼 말하는 것이냐? 내일 직접 보고 이야기를 들어도 늦지 않을 일이다. 걱정하지 말고 물러가 쉬어라. 온종일 발품 파느라 애 많이 썼다."

내일 해가 밝는 대로 경주를 떠날 계획이었던 일연스님은 돌연한 소식에 저녁 공양도 제대로 못 마친 채 일찍 잠자리에 들었습니다. 산을 오르는 일이 이제는 버겁기만 한 나이가 되자 몸은 천 근짜리 쇠갑옷을 입은 듯 가슴이 답답해져 잠을 이루기 어려웠습니다. 혹시나 있을지 모르는 불상사도 염려스러웠습니다.

여러 가지 생각이 또 다른 생각을 몰고 와 잡념을 걷잡을 수 없자 일연스님은 벌떡 일어나 이불을 개고 그 자리에 단정히 가부좌를 틀고 앉았습니다. 생각을 버려야 생각을 얻을 수 있음을 일연스님은 당연히 알고 계셨던 것입니다. 참선에 들어 마음을 맑게 풀던 일연스님의 귀에 새벽 예불을 알리는 목어 소리가 들려왔습니다.

"그대가 나를 보자 했던 박씨라는 장사치인가? 그래 이제 나를 보았으니 할 말을 해 보시게."

"말씀드리기 전에 이 물건을 한번 보아 주셨으면 합니다."

사내는 아침 공양이 채 끝나기 전부터 찾아와 벽돌탑 근처에서 초조하게 서성였습니다. 손에 들고 있는 황금색 보자기를 가슴에 꼭 안고 있는 모습이 누구라도 금방 뺏어 갈까 봐 전전긍긍하고 있었습니다.

몸집은 작고 얼굴은 가늘고 길어 쥐를 닮은 듯한데 수염마저 입술 끝에 겨우 매달려 있고 눈은 찢어질 대로 찢어져 귀에 닿을 듯했지만 낮은 코 양옆으로 사이가 좁아 누구라도 말을 길게 섞고 싶지 않은 인상이었습니다. 더구나 그 곁에는 사내 만한 덩치의 아이가 사내의 윗옷 끝자락을 붙잡고 울상이 되어 있었습니다. 사내는 그 아이에게 무언가 욕을 퍼부으며 주먹을 들었다 내렸다 하다가 일연스님 방에서 기별이 오자 아이를 떼어놓고 잰걸음으로 달려와 일연스님 앞에 엎드렸습니다.

"물건을 보기 전에 말씀을 받는 게 순서 아니겠는가?"

일연스님은 사내가 다짜고짜 내미는 보따리는 손도 대지 않은 채 사내를 지긋이 바라보았습니다.

"3년 전 운문사에 큰 도둑떼가 들었다는 이야기는 알 만한 자들은 다 아는 얘기입죠."

"……."

"그때 그 도둑놈들이 탑을 허물고 무언가 귀한 것을 들고 갔다는 것도 말입니다. 그런데 그 물건이 무슨 인연인지 돌고 돌아 제 손에까지 이르러 이렇게 큰스님을 찾아뵙게 된 것입니다요. 평생 장사하면서 한 번도 남을 속이지 않고 저울 눈금 지키기를 마누라 지키듯 하면서 살아온 공을 대자대비하신 부처님이 다 알아주신 덕분이라고 생각하고 있습죠. 헤헤. 그런데 우리 집 재산 반이 넘는 비단 70필, 쌀 30섬과 바꾼 그 물건이 아무래도 스님께 더 소용되지 않을까 해서 이렇게 첫닭 우는 새벽 댓바람에 들고 왔습니다. 뭐 그렇다고 제가 스님께 이 물건을 이문을 남겨 팔려는 것은 절대 아니굽쇼. 다만 저 밖에 있는 팔푼이 같은 제 자식 하나 어찌 부탁 좀 드려볼까 했습니다요. 헤헤."

종이에 써 놓고 연습이라도 하고 온 양, 사내의 말은 거침이 없었습니다. 거슬리는 헤헤 웃음소리가 날 때마다 입술 양 끝에 흰 침이 일어 게를 보는 듯했지만 사내는 닭을 생각도 않고 은근히 일연스님을 위아래로 훑어보며 흥정했습니다.

"그런가? 알겠네. 그럼 어디 물건을 한번 보세."

일연스님은 잠깐 보따리를 눈여겨보시는 듯하더니 직접 앞으로 당겨 풀기 시작했습니다. 검은색 옻칠 바탕에 화려한 자개가 정교하게 박힌 상자는 한눈에도 값이 상당한 듯했습니다. 스님은 조심스레 상자의 뚜껑을 열고 그 안에 다시 황금빛 천으로 싸인 작은 상자를 꺼냈습니다. 천을 풀고 다시 작은 상자를 열자, 안에서 작은 햇살을 천 배로 튕겨 내듯 강한 빛이 눈을 쏘았습니다.

일연스님은 당황하는 기색 없이 상자 안을 가만히 들여다보았습니다. 그러곤 상자 안에서 황금으로 만든 집 모양의 함을 꺼내 지붕 부분을 열었습니다. 그 안에는 은으로 만든 조그만 탑 모양이 들어 있었고 그 안에는 다시 유리로 만든 병이 들어 있었습니다. 그러나 그 병 안에 있어야 할 사리는 눈에 보이지 않았습니다.

"어떠십니까? 큰스님. 큰스님께서 그리도 애타게 찾으시는 물건이 맞지요? 헤헤."

오줌 마려운 어린애 마냥, 불 위에 솥단지 올려놓은 걸 잊은 아낙네 마냥 안절부절 몸을 틀어대며 상자 안을 힐끔거리던 사내가 어서 답을 달라는 표정으로 거만하게 표정이 바뀔 즈음이었습니다.

"아니네."

"네? 뭐라굽쇼?"

"아니라 하지 않았는가."

"그 무슨 말씀이십니까요? 열흘 전 이 물건을 제게 넘긴 그 산도둑놈은 3년 전에 제놈이 분명 직접 운문사에서 들고 나온 것이라 했습니다요."

급한 김에 말을 뱉어 놓고 사내는 아차 했습니다. 도둑질도 죄이지만 도둑질한 물건을 알고도 사는 것은 그에 못지않은 처벌감임을 모르지 않았기 때문입니다.

"아니 그러니까, 제 말씀은……"

"됐네. 내 하나만 물어보세. 솔직히 대답하게. 자네는 이 물건을 몇 번째로 내게 가져오는 것인가?"

"처처…… 처음입니다요."

"어허. 솔직하게 말하지 못하겠는가? 도둑과 선이 닿아 귀한 물건을 거래하는 걸 내 당장 병부에 이르면 자네는 이 절을 나가자마자 목이 떨어질 게야."

"정말입니다요. 이번에 임금을 따라 내려온 첨의부나 도평의사사 관원들에게 보이려고도 했지만 그들은 분명 값을 제대로 쳐주지도, 제 못난 아들의 관직도 보장해 주지 않을 듯했기 때문입니다요. 어디 그뿐이겠습니까? 힘만 좀 약해지면 같은 관리의 땅이며 노비도 거리낌 없이 빼앗는 저들인데 저 같은 장사치 물건 하나 주머니에 넣는 건 일도 아니겠다 싶어서……."

"알았네. 인제 그만 이것들을 다시 싸서 돌아가게. 내 누구에게 도 이 물건에 관해 입을 열지는 않겠지만, 이 하나만 약속하게나. 돌 아가거든 이 금덩이를 작게 나누어 좋은 일에 쓰게. 알겠는가?"

일연스님은 당신 자신도 처음 보게 된 그 화려한 사리함이 텅 빈 것을 알아챈 순간, 그 사리함을 되찾으려 했던 그간의 노력이 헛 된 집착처럼 느껴졌습니다. 탑의 마음을 보라 가르쳤던 자신이 거꾸 로 마음을 내려놓지 못하고 황금색 틀에만 매달려 있던 듯해서 부끄 러웠습니다.

'참으로 부처님 공부는 멀고, 마음은 무거워 때 타기 쉬운 것 이로구나. 어리석구나. 참으로 어리석구나. 나무아미타불, 관세음보 살……'

혼이 빠진 듯 신발도 제대로 신지 못하고 아들 손을 붙잡고 허둥대 며 사천왕문을 나가는 사내를 본 가초와 생동은 당황했습니다. 밖에 서 간간이 들은 얘기로는 그 장사치가 가져온 물건이 진짜인지 가짜 인지 알 수 없었습니다. 다만 분명한 건 일연스님이 이제는 그 사리 함을 다시는 찾지 않을 것이라는 예감이었습니다. 벌써 장터로 나간 든금을 찾으러 생동이 나간 사이에 일연스님은 가초를 불렀습니다.

"짐을 싸거라. 길을 나설 때가 되었구나."

[25] 捉鷹別監. 고려 시대 각 지방에 파견되어 매를 잡아들이고 고르는 일을 하던 응방(鷹房)의 관리.

[26] 66m. 현재 아파트 25층 정도의 크기에 해당한다.

[27] 《삼국유사》 권3, 〈탑상(塔像)제4〉 편에 나오는 이야기.

[28] 茶毘. 불교의 장례 방식으로 화장(火葬)을 말한다.

바른 마음으로
해탈을 얻으라

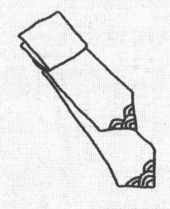

일연스님의 단식이 열흘을 넘기고 있었습니다. 처음 있는 일도 아니었고 평소에도 아주 조금만 드셨지만 이제는 높은 연세 때문에 주위의 많은 사람이 걱정했습니다. 일연스님이 머무시는 광명사의 주지스님은 하루도 빠지지 않고 스님의 기색을 살피느라 몸이 달았고 소식을 들은 궁궐에서는 값비싼 버섯과 향기로운 약초로 만든 죽을 보내 왔습니다. 그때마다 스님은 알듯 모를 듯한 웃음만 지어 보이셨습니다.

"독을 빼는 중이다. 몸에 든 독을 빼려면 더 넣지 말아야 한다."

스님의 하루하루는 평소와 다르지 않았습니다. 예불에 빠지지도 않았고 참선을 게을리하지도 않으셨습니다. 서경(지금의 평양)에서 사람을 불러 고구려의 이야기를 모아 다듬고 다시 읽는 일에도 자세가 무너지지 않았습니다. 다만 달라진 점이라면 서경에서 진귀한 역사책이나 그림을 들고 오는 사람들 외에는 일체 누구도 만나지 않는다는 것이었습니다. 높은 관리들은 물론 임금이 보낸 사람들도 예외는 아니었습니다.

충렬왕은 지난해 경주에서 말없이 떠난 일연스님을 계속해서 개경으로 불렀습니다. 몇 번을 간곡히 거절하고 정성스런 문장으로 왕에게 사정을 전하기도 하였지만, 왕의 고집은 꺾이지 않았습니다.

"아직 내게 해야 할 일이 남았나 보구나. 예전 중국으로의 유학 길을 제대로 열고 세속의 사람들이 지켜야 할 다섯 계율을 지으신 원광스님에게 3천 살이나 먹은 신령이 이야기해 주었다지. '한 곳에서만 살면 비록 자신에게는 이로운 행실이 있겠으나 다른 사람을 이롭게 하는 공은 없을 것이다.'라고.[29] 저리도 왕이 보채는 걸 보아하니 개경에 다른 사람을 이롭게 해야 하는 일이 있는가 보다……. 가 보자. 가서 무엇이든 해 보자."

스님은 가초, 든금, 생동 세 시자만을 데리고 개경으로 가는 길에 올랐습니다. 그들이 당도한 개경의 생활은 그동안 조용했던 산사에서의 일상과는 많이 달랐습니다. 사람들은 끊임없이 일연스님 뵙기를 청하였고 궁궐에서 부르는 일도 잦았습니다. 절 밖은 바로 큰길과 민가라 아이 우는 소리, 개 짖는 소리도 담장을 넘어와 스님들 마음공부를 방해하곤 했습니다. 그렇게 1년을 보낸 어느 날 스님은 아무 예고도 없이 곡기를 끊은 것이었습니다.

"큰스님, 오늘도 궁에서 귀한 음식을 들고 사람이 다녀갔습니다.

임금께서도 큰스님 걱정을 하신답니다."

"가져온 음식은 가초, 너와 생동이 나누어 먹도록 하라. 혹시 남는 음식이 있으면 든금이 돌아온 후에 나누어 주고."

"큰스님, 어찌 저희에게까지 마음을 나누어 주십니까? 저희는 다른 이들과 같이 큰스님께서 건강을 해치실까 걱정이 큽니다."

"독을 빼는 중이라 하지 않았더냐? 입으로 드는 독은 금세 빠지곤 했는데 귀와 눈으로 들어온 독은 쉽게 빠지지 않는구나. 걱정하지 말거라. 이제 곧 다시 공양에 나설 것이다."

그러나 스님의 단식은 보름이 다 되도록 멈추지 않았습니다. 묵언 수행이라도 하시는 듯 말씀은 줄어 갔지만, 얼굴은 점점 맑아지고 눈은 더욱 빛이 났습니다. 방 밖으로 걸음도 줄이시면서 해가 질쯤이면 서쪽을 향한 마루에 앉아 오래되어 낡고 못 생긴 염주를 돌리고 계시는 것이 스님을 볼 수 있는 유일한 때였습니다.

"큰스님. 저 왔습니다."

"든금이 왔구나. 그래 일은 무사히 마쳤느냐?"

"네, 큰스님. 모두 관음보살님이 살아계신 듯하다며 좋아하였습니다."

"그래? 네가 마음고생이 심하였겠구나. 가서 쉬어라."

일연스님을 따라 개경에 들어선 지 얼마 되지 않아 든금의 그림

솜씨는 개경에서 모르는 사람이 없을 정도로 널리 알려졌습니다. 남이 그림을 배우는 속도보다 몇 배나 빠르게 그림을 익혀 가던 든금은 이제는 오히려 다른 스님들을 가르칠 정도가 되었고 고려 땅에서 누구에게도 뒤지지 않는 그림 잘 그리는 화승이 되어 갔습니다.

처음엔 신세를 지게 된 광명사를 돕는 마음으로 절의 작은 탱화나 불경에 들어갈 배경 그림을 조용히 그리기 시작했는데, 그걸 보는 사람들의 감탄이 늘어가자 이 절, 저 암자, 심지어는 고관들의 집에까지 불려다니며 그려 주어야 했습니다. 사람들은 그때마다 고구려의 담징스님이 살아 오셨느니, 참새를 속일 만큼 소나무를 잘 그린 신라의 솔거가 돌아왔느니 하며 벌린 입을 다물지 못하였지만, 든금은 워낙 낯을 가리는 성격인 데다 자신이 글도 잘 모르는 노비 출신이라는 것이 밝혀질까 봐 마음을 졸여야 했습니다.

그나마 하루에 끝낼 수 있는 일은 다행이었지만 이번처럼 서경까지 내려가 열흘이 넘도록 머물러야 할 때는 하루라도 일을 빨리 끝내고 자신의 그림 솜씨를 유일하게 부끄럼 없이 자랑할 수 있는 일연스님 곁으로 돌아가고 싶은 마음뿐이었습니다.

하지만 일연스님은 든금의 바깥출입에는 아무 말씀이 없으셨고 며칠이 지나도 곁을 떠난 든금을 돌아오라 부르시지도 않았습니다. 오히려 새로이 불사를 꾸미는 절이나 간절하게 도움을 필요로 하는 작은 암자에 든금을 일부러 보내시기도 하였습니다.

'큰스님, 맞습니다. 이번엔 정말 마음고생이 심하였습니다. 아니 지금도 죽을 것 같이 마음이 괴롭습니다. 그러게 왜 저를 서경에 보내셨습니까?'

서경의 영명사에서 직접 주지스님이 찾아온 것은 일연스님이 단식에 들기 바로 직전이었습니다. 영명사의 주지스님은 일연스님을 찾아 인사를 올리자마자 든금을 거론하였고 일연스님은 아무런 반대 없이 그 길로 든금에게 주지스님을 따라나설 것을 명하셨습니다.

글을 모르는 사람들도 일연스님의 삼국 이야기를 깨달을 수 있도록 그림으로 옮기려던 계획이 어긋난 든금은 영 발걸음이 떨어지지 않았습니다. 그러나 영명사에 도착한 든금은 그 모든 아쉬움을 잊을 만큼 아름다운 경치에 넋을 잃었습니다. 아래로 흐르는 대동강과 능라도는 밤과 낮이 따로 없이 서로 품고 노래를 부르는 듯 했으며, 부벽루에 오르면 그동안 산에 막혀 있던 눈이 시원하게 열려 마음까지 커지는 듯했습니다.

든금에게 주어진 일은 대웅전 벽화를 새로 그리는 일이었습니다. 전쟁 중에 손보지 못한 벽화는 여기저기 그을음이 묻어 보기 흉하였고 어떤 곳은 벽 채 떨어져 나가 그림 자체를 알아볼 수 없을 정도였습니다. 부처님과 고승들을 그리기 전에 먼저 묻은 그림들을 지우고 벽을 바르는 일이 먼저였습니다. 팔을 걷어붙이고 온몸에 물과 재를 뒤집어쓰며 그림을 지우는 틈틈이 든금은 새로 그릴 그림을 땅바닥에 그려 보곤 하였습니다.

그러던 어느 날이었습니다.

"여인이 참으로 아름답습니다. 그러나 눈에는 슬픔이 가득하니 무슨 일이 있는 것입니까?"

깜짝 놀라 뒤돌아보는 순간 쪼그려 앉아 있던 든금은 주저앉고 말았습니다. 해를 등지고도 해처럼 웃고 있는 소녀는 세상에 있을 법하지 않은 얼굴로 든금을 내려다보고 있었습니다. 비단옷은 하늘나라의 옷인양 가볍게 바람에 흔들리고, 유리처럼 깨끗한 얼굴은 머리카락이 한 올 내려와 푸름한 핏줄과 섞여 비로소 사람임을 알게 해 주었습니다.

소녀는 가만히 서 있었으나 주변의 모든 사물이 어두워지면서 소녀만 빛났습니다. 그 빛이 든금을 비추자 든금은 갑자기 흙과 재와 낡은 물감으로 더러워진 자신의 모습이 부끄럽고 초라해 참을 수 없었습니다.

"누누, 누구시오?"

"스님이 바로 서경에서 내려오셨다는 그 유명한 화공 스님이시군요. 호호. 이름만 유명하신가 했더니 정말 그림이 살아 있는 듯한걸요. 특히 저 여인은 곧 튀어나와 금방이라도 스님을 안아 드릴 것 같은데요. 호호."

든금이 절에서 산 지도 어언 5년. 이제는 어엿한 스님이 되었지만 문득 문득 어머니가 떠올랐습니다. 특히 혼자 있을 때는 더욱 어머니가 그리웠습니다. 이날도 일연스님이 가장 많이 이야기해 주신 원효스님의 높은 행적을 그려 볼까 궁리를 하다가 원효스님과 아들 설총, 그 아들의 어머니인 요석공주가 한자리에 있는 그림을 그려 보던 참이었습니다. 그리고 화면 한가운데 있는 요석공주가 손을 뻗어 아들 설총의 손을 잡는 장면을 그리려는 찰나, 이 소녀가 등장했습니다.

하늘에나 있을 듯한 아름다운 외모와는 달리 웃음은 헤픈 느낌이었고, 아들을 그리워하는 어머니를 단지 여인으로 보는 안목도 조금은 거슬렸지만 든금의 다리가 풀릴 정도로 아름다웠습니다. 든금은 겨우 다리를 뻗어 쓱쓱 그림을 지우고 서둘러 일어나 옷에 묻은 먼지를 털었습니다.

"아니, 왜 지우십니까?"

"흐, 흙에 그려 넣은 것이 아…… 아…… 아름다우면 얼마나 아름답겠습니까? 원하시면 다음에 제…… 제대로 그려 드리지요."

"네? 정말요? 아이, 좋아라. 그럼 먼저 약속해 주신 징표로 이 댕기에 작은 꽃 한 송이 그려 주세요. 네?"

소녀는 든금을 완전히 믿는다는 듯 몸을 획 돌려 뒷머리를 맡겼습니다. 든금은 소녀를 보며 무엇인가에 홀린 듯 얼른 물감을 개었습니다. 소녀의 머리채를 조심스레 잡고 붉은색 비단 댕기에 샛노란 국화를 피우고 있는 든금의 손은 덜덜덜 떨리고 있었습니다. 소녀는 무엇이 우스운지 연방 키득거렸고 그렇게 웃을 때마다 드러나는 하얀 목덜미의 솜털은 든금의 정신을 잃게 했습니다. 극락에서 퍼져 오는 듯한 소녀의 분내에 온몸이 마비되는 듯했습니다.

"벌써 다 하셨습니까? 어디 보자."

소녀는 뒷머리를 잡아 자기 앞으로 당기지 않고 든금이 머리채를 잡고 있는 쪽으로 다시 몸을 휙 돌렸습니다. 머리를 숙이면 이마가 닿을 듯한 거리에서 소녀는 환하게 웃고 있었습니다.

"정말 대단하세요. 호호호. 그럼 다음에 뵐 때 아까 지운 여인보다 더 예쁜 여인을 곱게 그려 주셔야 해요. 약속하신 거예요? 그럼 전 이만."

제 이름도 알려 주지 않고 소녀는 제 할 말만 하고는 휙 몸을 돌려 대웅전 뒤로 뛰어갔습니다. 아니 날아갔습니다. 잠시 멍하던 든금은 정신을 차리고 제 생각과는 완전히 딴판으로 튀어나온 자신의 말과 행동에 당황했습니다. 스님이라면 마땅히 불사에 뛰어들어 제멋대로 구는 여인을 꾸짖었어야 했지만, 그건 생각뿐이었고 손과 입은 전혀 자기 뜻대로 움직이지 않았던 것입니다.

든금은 후회와 부끄러움으로 자신의 못남을 저주했습니다. '앞으로 큰스님을 어찌 뵙나.' 하는 생각에 손과 입을 잘라 버리고 싶었습니다. 그러나 그렇게 자신을 몰아붙이면서도 '다음이 언제일까? 어디

서 만나게 될까? 다음에 만나면 어떤 그림을 그려 주어야 기뻐할까?'
하는 생각이 스물스물 기어 올라왔습니다. 피식 웃음이 나오고 얼굴
이 뜨거워졌습니다. 그렇게 몸이 더워졌다 식었다를 반복하면서 든
금은 병에 걸리고 말았습니다. 젊은이면 누구나 한 번은 호되게 앓아
야 하는 사랑이었습니다.

소녀를 만난 후로 든금의 그림은 달라졌습니다. 대웅전 벽 기초
공사가 모두 끝나고 본격적으로 화면을 메운 인물들은 하나같이 얼
굴에 붉은빛이 가득해 생기가 넘쳤고, 오랜 수행을 거친 스님들을 그
릴 때도 반드시 팔뚝 한쪽에라도 작은 근육을 그려 넣어 남자가 지
닌 힘을 나타냈습니다. 가끔 벽화가 되어 가는 과정을 보러 오는 주
지스님은 하릴없이 실실대는 든금을 보느라 점점 속돼 가는 벽화의
변화를 눈치채지 못하고 있었습니다. 오히려 원래 그림보다 더욱 살
아 있는 듯한 인물들의 자세와 표정에 만족했습니다.

하루는 절 공사를 후원하는 서경의 귀족들과 관리들이 경치 좋은
영명사에서 놀이를 즐기고 공사의 진행 과정을 둘러보기 위해 들렀
습니다. 주지스님은 그들이 내놓은 인심 좋은 시주가 얼마나 요긴하
고 값지게 쓰이는 보이려고 제일 먼저 든금이 일하고 있는 대웅전 뒷
벽으로 그들을 안내했습니다.

얼마 남지 않은 기일에 벽화는 완성되어 가고 있었지만, 약속과

달리 나타나지 않는 소녀 때문에 만사가 귀찮고 심드렁하던 든금은 귀족들의 질문과 감탄에 대충대충 답을 하고 있었습니다. 그때 거짓말처럼 그 소녀가 모습을 나타냈습니다.

"어딜 다녀오는 게냐? 한참을 찾지 않았더냐? 특히 여기 계신 유수님 댁 도령은 계집종들까지 풀어 너를 찾으려던 참이었다."

"죄송해요, 호호. 작은 볼 일이 있어 해우소에 들렸다오는 길입니다. 호호."

"아니 너는 이제 곧 혼사를 치를 몸으로 어찌 그렇게 경망스럽고 호들갑스러우냐?"

"아버님께서는 그리 걱정하지 않으셔도 될 듯합니다. 유수님 댁 도련님은 벌써 저를 용서하신 듯한걸요 뭘. 그렇지 않으십니까? 도련님?"

건너편 젊은이를 향해 보이는 눈웃음에 모인 사람들은 모두 허허 웃었지만 든금은 웃을 수 없었습니다. 깔깔대며 다른 총각을 향해 처지는 그녀의 눈꼬리가 송곳이 되어 든금의 마음을 헤집었기 때문입니다. 그리고 무엇보다 든금을 얼어붙게 한 것은 '혼사'라는 단어였습니다.

'이제 곧 결혼할 몸이라는 건가? 저 키 작고 못난 유수댁 도령이란 자와? 그런데 왜 나에게?'

든금은 혼란스러웠습니다. 자신이 스님이란 것이 갑자기 원망스러워졌습니다. 곧 결혼할 남자에게 웃음을 흘리면서도 한편으로 몰래 자기에게 찡긋 눈짓을 보내는 그녀가 죽이고 싶을 정도로 미웠습니다. 그 한 번의 웃음을 보내 놓고서 그녀는 든금을 아는 척도 하지 않고 돌아가 버렸습니다.

든금은 품에서 작은 비단 조각을 꺼내 펴 보았습니다. 그 안에는 그녀의 얼굴을 한 관음보살님이 야릇한 웃음을 보이며 그려져 있었습니다. 참을 수 없는 역겨움에 든금은 해우소로 뛰어갔습니다. 비단을 갈기갈기 찢어 똥통 속으로 던져 넣은 후 든금은 그 위에 아침부터 먹은 아니 그녀를 만난 이후에 먹은 모든 것을 토하기 시작했습니다.

개경에 계신 일연스님이 단식하고 계신다는 이야기를 들은 것은 다음 날이었습니다. 겨울이면 음식을 끊고 참선에만 정진하시는 일연스님을 두어 번 보아 왔던 든금에게 그것은 그리 놀랄만한 이야기는 아니었습니다. 놀라기는커녕 영명사를 떠날 명분이 생겼다는 생각에 기뻤습니다.

그녀가 있던 모든 자리는 든금에게 아물지 않는 상처처럼 볼 때마다 고통이었습니다. 시간이 지나도 남는 흉터였습니다. 든금은 주지스님을 찾아 일연스님 소식에 매우 놀라는 척 눈물까지 보이며 영명사를 떠나게 해 줄 것을 간청했습니다. 처음엔 거짓으로 울었는데 웬일인지 나중에는 정말로 서러워져 든금은 크게 속 시원히 울었습니다. 주지스님은 벽화 일이 끝나면 무언가 더 부탁할 일이 있던 듯 아쉬워했지만 스승을 어버이처럼 걱정하며 앉은 자리가 흥건해지도록 눈물을 쏟아 내는 든금을 더는 말릴 수 없었습니다.

개경으로 돌아와 일연스님께 인사를 드린 직후부터 든금 역시 음식을 끊고 법당에 앉아 염불만 외웠습니다. 가초와 생동은 단식 중인 일연스님 앞으로 온 귀한 음식을 들고 든금을 부르기도 하고 서경에서의 일을 캐묻기도 하였지만 든금은 굳게 다문 입을 열지 않았습니다.

사람들은 스승의 단식에 동참하는 든금을 칭찬하였지만 그런 소리에도 든금은 표정의 변화가 없었습니다. 든금이 개경으로 돌아왔다는 소식을 들은 주변 절에서 몇 번이고 든금의 솜씨를 부탁해 왔지만, 이번엔 웬일인지 일연스님이 허락지 않으셨습니다.

"놔두어라. 지금 크는 중이다."

든금은 자신을 깊이 들여다보는 듯했고 그럴수록 눈빛도 깊어져 갔습니다. 겨울의 추위가 나이테를 만들 듯 든금은 멈추어 있었으나 자라고 있었습니다.

그렇게 든금의 단식과 더불어 일연스님의 단식이 한 달을 얼마 남기지 않았을 무렵, 충렬왕이 몸소 광명사로 일연스님을 찾아왔습니다.

그것도 왕비인 제국대장공주와 함께였습니다.

일연스님은 평소와 다름없이 왕을 맞이했지만, 왕은 무언가 간절한 표정으로 일연스님을 설득하는 듯했습니다. 왕비의 말을 통역하던 가초와 곁에 있던 광명사의 주지가 쩔쩔매며 왕의 말에 고개를 끄덕이더니 왕은 비로소 기대한 답을 들은 듯 가져온 온갖 선물을 내려놓고 돌아갔습니다.

"내가 음식을 입에 대지 않으니 이 절의 모든 스님도 음식을 입에 대지 말라 하더구나. 나는 단지 내 마음을 회복하고자 먼저 비우는 것임을 그렇게 말했어도 임금은 그것이 무엇인지 알아듣지 못하는 듯하다. 마음이란 본시 없는 것인데 그 마음을 찾겠다고 내 이렇게 늙은 나이에 고집을 부리는 것도 또 다른 악연을 만드는 일이 아니겠느냐. 오늘 저녁부터 음식을 들이도록 해라. 그리고⋯⋯ 든금이를 오라 해라."

왕이 행차해도 얼굴을 비치지 않고 골방에 앉아 무엇인가를 열심히 그리던 든금은 일연스님의 부름을 듣고 한걸음에 도착했습니다.

"옛 신라 세달사라는 절에 조신이라는 스님이 계셨단다.[30] 여러모로 꼭 너와 같은 스님이셨나 보다."

일연스님은 든금이 겪은 모든 일을 알고 계신 듯 안부 인사도 없이 다짜고짜 옛이야기를 꺼내셨습니다.

"이 스님이 관리를 맡은 농장에 나갔다가 태수의 딸을 보고 그만 한눈에 반했단다. 낙산사 관음보살님을 찾아 그 딸과 인연을 맺게 해 달라고 몇 년을 빌었는데 그 아가씨가 그만 다른 이의 배필로 가게 되었다는구나. 스님은 그 소식을 듣고 관음상 앞에서 원망하는 마음에 슬피 울며 잠이 들었는데, 그 아가씨가 한밤중에 그 방에 들어와 자기도 조신스님을 사랑했다며 앞으로 죽어서야 헤어지자고 하더라는구나. 조신스님은 물론 뛸 듯이 기뻐했지.

그렇게 인연을 맺게 된 부부는 자식 다섯을 두고 40여 년을 살았는데 워낙에 가진 것이 없어 먹는 끼니보다 거르는 끼니가 더 많았단다. 이리저리 돌아다니며 구걸도 해 보았으나 열다섯 살 된 큰아들은 결국 굶주려 죽고 부부마저 병들어 눕자 열 살 난 딸아이가 부모 대신 구걸에 나섰다고 하지. 그 딸 아이는 밥을 구하러 어느 마을에 들어섰다가 동네 개에게 물렸는데, 길가에 막 자라는 띠 풀을 엮어 만든 집에 돌아와 부모 앞에서 아프다고 엉엉 울더란다. 그걸 보는 부모도 찢어지는 마음에 같이 울고. 한참 후 울음을 멈춘 부인은 남편에게 이렇게 이야기했더라지."

든금은 일연스님이 무엇을 말씀하시려는지 점점 알 듯했습니다. 그래서 더 가슴이 아팠습니다.

"처음 당신을 만났을 때, 저는 얼굴도 아름답고 꽃피는 나이에 깨끗한 옷을 입고 있었죠. 그런 제가 당신을 만나 음식 하나도 나누어 먹고 얼마 안 되는 옷감도 나누어 입으며 살아오길 벌써 50년이

네요. 우리는 그렇게 큰 인연으로 깊은 정과 굳은 사랑을 같이했는데 이제는 병이 들어 몸은 시들어 가고 배고픔과 추위를 막을 수 있는 방법도 없네요. 이슬 피할 작은 방 하나 구하기 어렵고 구걸을 나서도 입에 넣을 것이 없으니 낳아 주신 부모님께나 우리가 낳은 아이들에게나 부끄럽기가 시장에 알몸으로 서 있는 것보다 더합니다.

돌이켜 생각해 보면 어여쁜 얼굴에 고운 미소는 풀 위의 이슬 같으니 곧 사라질 것이었고, 끝까지 함께하자 했던 아름다운 난초의 약속은 조그만 바람에도 흔들리고 꺾여 버리는 버들가지 같았네요. 이제 우리는 서로에게 기쁨이기보다 근심이고, 위로보다는 걱정이 되었으니 처음 만난 날의 황홀함이 곧 불행의 시작이었음을 깨닫게 됩니다. 어쩌다, 어쩌다 우리가 이렇게 되었을까요?

건강한 몸으로는 사랑하다가 힘들고 어려워지면 버리는 일이 사람으로서는 차마 할 수 없는 일이지만 가고 멈추고 헤어지고 만나고 하는 것이 모두 하늘이 주신 운명에 달린 일이니 이제 우리 그만…… 헤어지는 게 어떨지요?"

"큰스님, 조신스님의 모든 삶이 한낱 꿈이었다는 이야기. 저도 큰스님 일을 돕는 가초를 통해 언젠가 들은 적이 있습니다. 그렇지만 큰스님. 저는…… 다만 꿈이라도 좋으니 저를 향한 온전한 그 아이의 웃음을 받고, 진심으로 단 한 번이라도 그 아이를 만져보고 싶다는 마음이 떠나질 않습니다. 아무리 벗어나려 몸부림을 쳐도, 독을 가진 꽃뱀처럼 멀리하려 하여도, 천박한 말과 조심 없는 몸가짐에 경멸을 뱉으려 해도 도대체, 도대체가 제 마음과 몸이 거미줄에 걸린 나방과 같습니다."

"든금아, 부인의 이러한 지극한 호소를 들은 조신이 어떠했는지도 알고 있느냐? 조신은 비록 네 말대로 꿈속에서였으나 그토록 사랑했던 부인이 울며 쏟아낸 하소연을 듣고도 기쁜 마음으로 제 갈 길을 갔다고 한다. 사람이 그런 것이다. 사랑이 그런 것이다. 세월이 주는 독과 약을 모르기 때문에 지금 마음에 일고 있는 번뇌가 그저 무겁기만 한 것이다. 거미줄에 걸린 나방과도 같다고? 그렇다. 거미줄은 빠져나오려 하면 할수록 온몸을 휘감는다. 가만히…… 가만히 두거라. 네가 거미가 되어 한낱 가벼운 거미줄에 걸려 버둥거리고 있는 너 자신을 한번 바라보거라."

"큰스님, 스쳐 지나가는 작은 인연 하나에 이렇게 휘청거리는 제가 중생을 제도할 수 있을까요? 저는 부처님 법을 배울 자격도 능력도 되지 않는 것 같아 그 또한 괴롭기가 말할 수 없습니다."

"우리보다 앞서 걸어간 높은 스님들 모두 그렇게 흔들리며 한 걸음 한 걸음을 옮기셨다. 원광스님께서도 늙은 여우의 술법에 놀라고 두려워한 적이 있었으며 자장스님은 그를 낳고 길러 준 자신의 나라 신라를 중국의 변방이라 하여 부끄러워한 적도 있었다. 어디 그뿐이냐. 원효스님께서는 관음보살을 친히 뵙기 위해 낙산을 찾았다가 여인을 희롱해 빨래를 빤 더러운 물을 공양받는 수모를 당하셨다.

헛딛지 않는 발걸음이 어디 있으며, 과녁을 빗나가는 화살이 어디 한둘이더냐. 그게 사람 사는 이치다. 높은 스님들이 깨달음을 얻은 길도 크게 다르지 않다. 해탈에 이르는 길은 멀지 않으니 가까운 내 마음을 들여다보는 것에서 첫걸음이 시작되는 것이다. 가끔은 꽃에 취하고 구덩이에 빠져 비틀거려도 바른 마음 하나 붙잡으면 해탈은 곧 너를 찾아올 것이다. 그러니 든금아, 이제 돌아가 걷기를 계속해라."

든금은 고개를 들어 일연스님을 바로 보았습니다. 그러곤 눈물 가득한 두 눈으로 알 수 없는 웃음을 잠깐 지어 보였습니다. 천천히 일어난 든금은 일연스님을 향해 큰절을 올렸습니다. 몸을 일으킨 시간보다 고개를 깊이 숙여 엎드린 채로 머무는 시간이 훨씬 길었습니다. 일연스님은 든금을 가만히 안아 주었습니다. 그리고 그 등 뒤로 천천히 못난 염주를 돌리셨습니다.

[29] 《삼국유사》 4권. 의해 제5에 실린 원광이 서쪽으로 유학가다(원광서학(圓光西學))에 실린 이야기.

[30] 《삼국유사》 권3, 〈탑상(塔像)제4〉 편에 나오는 이야기.

마음의 소리를
듣는 것이 기도이다

왕과 왕비가 직접 행차한 이후 광명사는 일상을 되찾았습니다. 일연 스님은 다시 공양을 시작하셨고 찾아오는 사람들을 만나기도 하셨습니다. 가초는 일연스님의 심부름으로 벽란도를 드나들었고 생동은 아침 공양이 끝나면 절 안쪽의 제일 구석진 자리를 찾아 부지런히 몸을 단련했습니다. 다만 든금은 바깥출입은 거의 하지 않은 채 온종일 참선에 빠져 있었습니다. 참선 중에 잠깐씩 얼굴을 찡그리는 것은 아직 든금의 상처가 깨끗이 아물지 않았다는 것이지만 든금은 꼿꼿이 앉은 자세를 무너뜨리지 않았습니다.

절 마당의 낙엽을 쓰는 일에 점점 더 많은 시간이 필요해지더니 이제는 눈을 쓰는 일이 고역이 되었습니다. 스님들과 사미, 행자, 공양주들까지 모두 나서 눈을 뚫고 길을 만들어야 할 만큼 많은 눈이 내리는 일이 벌써 두 번이 넘었습니다. 거의 매일 쌓인 눈을 치우느라 비지땀을 흘리는 절 식구들을 내다보시면서 일연스님은 혼잣말처럼 이야기했습니다.

"쓸어도 쓸어도 떨어지는 낙엽, 치워도 치워도 내리는 눈, 뽑아도 뽑아도 나오는 잡초, 잘라도 잘라도 자라는 손톱. 우리 마음의 때가 이와 같다. 그러니 마음공부 게을리하지 말고 부지런히 닦고 버리거라."

해를 넘겨 정월이 된 지 얼마 안 되어 운문사에서 무극스님이 책을 한 아름 들고 일연스님을 뵙기 위해 올라왔습니다. 반년에 한 번 꼴로 오시던 스님의 세 번째 상경이었습니다.

"무극, 자네도 이제 나이가 환갑을 바라보는데 이런 일은 젊은 스님을 보내시게. 이렇게 춥고 먼 길을 힘들여 오지 말고."

"저도 그러려 했지만, 스님이 주신 글을 다듬다 보면 저 자신이 이해하지 못하는 것이 워낙 많아서 어쩔 수 없이 그리 하게 됩니다. 새해가 되었으니 인사도 드리고 싶었고요. 하지만 너무 염려하지는 마십시오. 이제 거의 모든 일이 마무리 되어 곧 책으로 만들어지면 제가 이곳에 아예 올라와서라도 큰스님을 모시면 될 테니까요."

"자네를 위해서라도 내가 이 번잡한 곳을 얼른 떠나야 할 텐데."

"임금께는 다시 돌아 가시겠다고 말씀을 올리셨습니까?"

"몇 번이고 운을 떼었지만, 도무지 요지부동일세. 심지어는 곧 나를 신라 효소왕 대의 혜통스님처럼 국사에 앉힐 거라는 소문이 궁궐에서 무수히 들려 온다네."

"큰스님 연세도 있으신데…… 참으로 걱정입니다."

"어찌하겠는가. 다만 기도할 뿐일세."

무극스님은 닷새가 넘게 가져온 책을 펴고 일연스님의 말씀을 받아쓰거나, 새로이 무언가를 적기도 하면서 광명사에 머물렀습니다. 두 노 스님은 마치 친구처럼 차를 앞에 두고 웃기도 하고 심각한 얼굴로 옛 책들을 넘기며 한 자 한 자 손으로 짚다가 무언가를 서둘러 적기도 했습니다. 햇볕이 따스해지는 한낮에는 가끔 절 마당을 나란히 산책하기도 했습니다.

무극스님의 질문이 멎고, 적고 지우고 하는 일이 끝나자 무극스님은 바로 짐을 꾸렸습니다. 날이 풀리면 길을 떠나라는 일연스님의 만류에도 무극스님은 시간이 얼마 없다며 운문사로 길을 나섰습니다. 시간이 없다는 말이 곧 일연스님의 시간이 얼마 남지 않았다는 뜻임을 두 스님 모두 알고 있었습니다. 일연스님은 무극스님의 손을 한참이나 쥐었다가 놓았습니다. 무극스님이 절 밖으로 벗어나자 일연스님은 온종일 방문을 열지 않으셨습니다.

무극스님이 떠난 며칠 후 궁궐에서 사람들이 나왔습니다. 일연스님의 단식 이후 정기적으로 왕이나 먹을 수 있는 귀한 음식을 가져오는 관리들이었습니다. 그들은 왕의 명령과 뜻을 전달하는 임무에 맞게 주지스님에게 음식을 전달하고 나면 일연스님을 찾아 왕의 편지나 부탁 등을 따로 전했는데, 이번에는 빈손이었습니다.

"무슨 일이 있는가?"

"아닙니다. 이번엔 다만 성상께서 특별한 말씀이 없으셨을 뿐입니다."

"알겠네. 자네들이 하는 거짓말이 자네들의 죄는 아닐 터. 내 내일은 직접 찾아뵙겠다고 전하게."

궁궐에서 법회를 열거나 외국의 스님들을 맞이할 때면 꼭 일연스님을 모시기 위해 가마를 보내곤 했습니다. 다음날 역시 궁에서 보낸 가마에 오르다 말고 일연스님은 시자들을 부르셨습니다.

"오늘은 너희 셋 모두 같이 가자꾸나. 임금이 계신 궁궐을 한번 보아 두는 것도 공부될 게다. 밖에서 오래 기다릴 수도 있으니 옷 단단히 입도록 하고."

이전에는 한 번도 없었던 일이었습니다. 스님은 먼 길이건 가까운 길이건 가초, 생동, 든금을 꼭 데리고 다니셨지만, 궁궐에 들어갈 때는 부르신 적이 없었습니다.

"달리 생각할 것 없다. 길이 미끄럽고 해가 짧으니 다만 너희 도움이 필요해서일 뿐이다."

송악산을 배경으로 축대를 쌓아 층층이 올라가는 대궐은 생각보다 화려하지도 크지도 않았습니다. 고종 임금 때 화재가 일어난 건물들을 다시 짓기도 전에 강화도로 난을 피해 궁을 옮겨야 했고 개경으로 다시 돌아온 뒤에는 예전처럼 궁궐을 치장하거나 늘릴 수 있는 여력이 없었기 때문입니다. 다만 군데군데 남아 있는 돌 장식과 철주들만이 화려했던 옛 고려의 모습을 나타내고 있을 뿐이었습니다.

큰스님이 가마에서 내려 정문인 승평문(昇平門)을 지날 때 병사들이 가초, 생동, 든금의 몸을 뒤진 이후로 일연스님의 일행을 막아서는 자는 없었습니다. 궐 안을 흐르는 광명천을 건너 신봉문을 지나 창합문을 통해 안으로 들어서자 비로소 궁궐다운 건물들이 나타나기 시작했습니다.

곳곳의 얼음을 피해 스님을 모시고 계속해서 계단과 축대를 오르는 일은 쉽지 않은 일이었습니다. 앞서 길을 안내하던 환관은 어디까지 가야 한다는 말없이 미안한 표정으로 곧 당도한다는 말만 되풀이했습니다. 마침내 일연스님 일행이 도착한 곳은 왕의 침전인 중광전이었습니다. 왕은 누운 채로 일연스님을 맞았습니다.

"어찌 이 어려운 길을 직접 오시겠다 하셨습니까? 그래서 제가 특별히 제 병을 대선사께 알리지 말라 했던 것입니다. 가마를 보내기는 하였으나 선사께서 낙상이라도 하시게 되면 저의 손해일 뿐만 아니라 우리 고려의 큰 손실입니다."

"승려의 본분은 어려운 길을 가는 것 아니겠습니까? 이만한 추위와 얼음을 두려워한다면 나중에 제가 빠질 지옥불에는 어떻게 발을 들이겠습니까?"

"대선사께서 지옥불에 빠지신다니요?"

왕은 어렵게 몸을 일으켰습니다.

"대선사 같은 분이 지옥불에 빠진다면 저와 같이 죄 많은 중생은 어찌하라는 말씀이십니까? 이 세상에 죽어서 극락을 맛볼 자는 아무도 없을 겁니다. 전부들 지옥에 빠질 테니까요."

"그것은 그리 크게 걱정하실 일이 아닙니다. 이 땅의 중생들은 이미 충분히 지옥을 맛보고 있으니까요."

"또 그 말씀이십니까?"

"전하께서 정사를 돌보지 않으시면 백성의 삶은 그만큼 괴로워지는 것입니다. 공녀로 끌려가는 양가의 규수들이 울부짖는 소리가 들리지 않으십니까? 환관으로 끌려가는 어린 사내아이들이 엄마를 찾는 소리는요? 그뿐이 아닙니다."

"그만, 그만두십시오. 그 일이라면 저보다는 제 아내인 위대하신 제국대장공주에게 청을 올리는 게 맞는 일이지 싶습니다. 아니지, 그마저도 그만두십시오. 홍규의 이야기를 듣지 못하셨습니까? 공녀로 뽑힌 딸을 보내지 않으려고 머리카락을 잘랐다가 왕비의 명에 의해 성한 곳 하나 없이 매를 맞고 귀양 간 전 추밀원부사 홍규를요. 결국은 남아 있던 딸까지 모두 공녀로 보내야 했답니다. 공주가 바로 그런 사람입니다."

"전하, 무슨 일이든 왕비의 탓으로 돌리면 어찌하십니까? 세상의 모든 일은 다 내 마음 하나에서 비롯되는 것입니다. 왕비께서 하시는 일이 마땅치 않다고 하여 늘 그렇게 등 돌리고 계시면 왕비의 악행은 더욱 계속될 것입니다."

"대선사, 난 지금 매우 아픕니다. 몽골인들의 원나라 때문에 아프고, 왕비 때문에 아프고, 백성 때문에 아프고, 무엇보다 이러지도 저러지도 못하는 자신 때문에 아픕니다. 그러니 이왕 어렵게 하신 걸음, 제 병이 나을 방법이나 알려 주십시오."

일연스님은 지극히 가여운 눈으로 충렬왕을 한참 바라보았습니다. 사람은 모두 태어나고 늙고 병들고 죽어 가는 괴로움에서 벗어날 수 없으며 왕이라 하여 그 사는 괴로움이 다르지 않다는 새삼스러운 깨달음 때문이었습니다.

"옛 신라의 선덕 여왕이 질병에 고통받고 있을 때 밀본 법사께서 침실 밖에서 〈약사경〉을 읽었더니 큰 지팡이가 날아들어 숨어 있던 늙은 여우 한 마리를 찔러 뜰 아래로 던졌다 합니다. 물론 그 후에 왕의 병은 씻은 듯 나았고요.

혜통스님의 이야기도 있습니다. 신문왕이 몹쓸 종기로 한참을 고생했는데 스님이 그것을 보고 주문을 외우자 바로 종기가 사라졌다고 합니다. 혜통스님은 신문왕이 전생에 선량한 백성을 종으로 삼은 일 때문에 앙갚음을 당하고 있는 것이라며 절을 세우고 명복을 빌어 주라 했답니다.[31] 그러나 제가 덕이 없어 〈약사경〉을 외워도 늙은 여우를 잡을 수 있지 않을 듯하고 밀교[32]의 주문도 마땅히 아는 것이 없으니 전하의 전생을 볼 수도 없습니다. 다만 그분들이 살아 이곳에 나타나시어도 전하 자신만큼 전하가 앓고 계신 병의 원인을 알지는 못할 것이라는 게 제 생각입니다.

전하. 세상에 생겨나고 없어지는 모든 것에는 반드시 이유가 있으니 그것을 인(因)이라 하고 그 인 때문에 연(緣)이 만들어져 결국엔 인과(因果)를 이룬다는 것은 잘 아실 것입니다. 왕비와의 여러 일도 인이 있어 연으로 이어지고 이제 슬하에 자녀까지 두셨으니 과를 얻으신 것 아니겠습니까? 모두 인연으로 생각하시어 마음을 편히 두고 부처님 앞에 기도를 올리십시오. 우리가 어찌할 수 없는 이 세계의 인연을 받아들이시고 감사하는 마음으로 기도를 올리십시오. 그러면 전하의 몸 안에서부터 대답이 들려 올 것입니다. 전하의 병은 마음에서 생긴 병이니, 그렇게 열심히 기도하고 마음의 소리를 들으시다 보면 전하의 병도 낫게 될 것입니다."

경주에서와는 달리 왕은 일연스님의 말을 비꼬지도 반박하지도 않았습니다. 누런 안색에 고개를 숙이고 긴 한숨을 쉬던 왕은 이젠 나이 들어 온통 주름투성이인 일연스님의 손을 꼭 쥐었습니다.

"스님, 또 와 주셔야 합니다."

찬바람을 오래 맞고 평소보다 많은 말씀을 하신 탓인지 일연스님은 궁궐에서 돌아오는 내내 지친 얼굴로 가마에서 눈을 감고 계셨습니다. 해가 서산에 지기 시작하면서 바람이 더 사나워지려 할 때서야 광명사에 도착한 스님은 그대로 세 시자를 데리고 방에 드셨습니다.

"그래, 오늘 대궐 구경이 어떠하였느냐?"

세 시자를 앞에 앉혀 놓으시고서야 일연스님의 굳었던 얼굴에 미소가 조금 번져 나갔습니다. 생동과 든금은 워낙 어린 시절부터 함께해 온 사이라 무엇이든 숨길 것이 없었지만 가초는 달랐습니다. 생동과 든금은 여전히 가초에 대해서 아는 것이 별로 없었고 궁금한 점을 묻지도 않았습니다. 그것은 가초도 마찬가지였습니다. 둘에 대해 한 번도 직접적이든 누굴 통해서든 알려고 하지 않았습니다. 그러다 보니 이런 자리에서도 셋 중 누구도 먼저 섣불리 속내를 드러내지 않았습니다.

일연스님은 셋 사이에 흐르는 미묘한 기운을 예전부터 알고 계셨지만, 그에 대해 어떠한 말씀도 하지 않으셨습니다. 셋의 문제는 셋이서 해결하길 기다리셨습니다. 지금 같이 어색한 분위기에서도 일연스님은 대답을 재촉하지 않고 기다리셨습니다. 몸이 꼬일듯한 분위기를 견딜 수 없다는 듯 생동이 먼저 말문을 열었습니다.

"궁궐 문을 지키고 있는 병사들의 자세가 참으로 엄중하였습니다."

가초가 뒤를 이었습니다.

"궁궐 내에도 변발을 하고 다니는 자가 많이 보였습니다."

요즘 부쩍 말이 없어진 든금이 마지막이었습니다.

"단청이 참으로 아름다웠습니다."

일연스님은 다시 한 번 빙긋이 웃으셨습니다. 무극스님이 떠난 후 잘 보이지 않던 웃음이어서 세 시자는 크게 마음이 놓였습니다.

"그렇구나, 자기가 보고 싶은 것만 골라서 보았구나. 단청의 아름다움이 생동과 가초에게는 보이지 않고 군사들의 엄정함이 가초와 든금에게는 눈에 띄지 않았고 변발을 하고 궁궐을 돌아다니는 자들이 든금과 생동에게는 별일 아닌 것으로 보였다는 것. 이것이 무슨 뜻이겠느냐? 사람의 눈이라는 것이 얼마나 형편없고 간사한 것인지를 보여 주는 것 아니더냐? 이러니 눈에게 속으면 안 되는 것이다. 눈을 믿으면 안 되는 것이다."

찔리는 게 있는 듯 든금이 꿀꺽 침을 삼키더니 일연스님께 여쭈었습니다.

"그렇다면 스님께서는 궁궐에 들고 나실 때마다 무슨 생각을 하십니까?"

"생각이라……. 나는 민가 한구석에서 아무렇게나 자라는 쑥부쟁이나 민들레가 궁궐 한쪽에서도 자라는 것을 본다. 궁궐이 불에 타고 그 안의 높은 사람들이 허둥대며 도망가는 와중에도 꽃 피우고

씨 날리며 꿋꿋하게 살아가는 그 작은 풀들을 본다. 욕심이 판을 치고 그 욕심이 지나쳐 목숨까지 탐내는 살벌한 그곳에서도 결코 탐욕에 눈먼 자들이 가질 수 없는 아름다움을 가진 그 풀들을…… 나는 본다.

그래서 난 기도한다. 민들레가 양귀비가 되는 걸 바라지 않기를 기도한다. 천년만년 꽃이 지지 않기를 바라는 마음도 버리게 해달라고 빈다. 가진 것 없어도 하늘의 뜻을 따르는 저 꽃들처럼 내가 피고 지기를 기도한다. 내 마음속에 이는 바르고 작은 소리를 부처님 말씀 같이 귀하게 받아들이기를 빈다."

"어찌하면 그런 기도가 가능한 것입니까?"

요즘도 기도를 위해 앉으면 버리지 못한 잡념의 벽에 부딪히는 든금이 절절한 얼굴로 계속 물었습니다.

"자기를 낮추고 겸손히 자신을 들여다보는 데서 기도는 시작된다. 보이지 않는 하늘의 신들을 찾기 전에 욕심에 가득 차, 사람과 물건에 마음 붙이고 있는 자신을 가만히 보다 보면 모진 추위에도 싹을 틔우는 보리처럼 기도의 말이 고개를 들 것이다."

밖에는 바람이 심해지고 있었습니다. 휘파람 소리 같기도 하고 고양이 우는 소리 같기도 합니다. 바람은 서로 할퀴는 듯 간간이 비명을 내기도 하였습니다. 처마 끝의 풍경은 날아갈 듯 몸부림을 치며 급한 소리를 내고 있었고 어디선가 열어 놓은 여닫이문이 쾅하며 닫히는 소리가 들려오기도 했습니다.

쌓아 놓은 눈과 낙엽은 있던 곳으로 되돌아가겠다고 급하게 맴돌고 있었고 빗자루며 지게며 서 있는 것들은 자세를 낮추며 서둘러 넘어지고 있었습니다. 바람 한 번이 일어 온 세상이 엎드리는 가운데, 작은 풀들은 맨 아래서 흔들리면서도 생명을 버티고 있음을 든금과 가초와 생동은 느낄 수 있었습니다.

[31] 《삼국유사》 권5, 〈신주(神呪)제6〉 편에 나오는 이야기.

[32] 密敎. 불교의 한 종파로 주문(呪文)과 염불 등으로 초자연적인 일들을 일으키는 모습을 보여 준다.

8

통해야 감정이다

고구려, 백제, 신라에 관한 이야기들이 어느 정도 모이고 묶여지면서 가초는 오랜만에 여유를 가질 수 있었습니다. 운문사에서 경주로, 경주에서 이곳 개경에 이르기까지 많은 일이 있었지만, 가초에게는 항상 일연스님의 책을 만드는 일이 가장 중요한 일이었습니다. 그 일에서 가초가 해야 할 역할이 조금씩 끝나 가면서 일연스님은 이제 가초를 바깥으로 내보내기 시작했습니다. 특히 늦어도 열흘에 한 번은 원, 일본, 서역 사람들이 몰려드는 벽란도에 가서 먼 나라의 새로운 책을 구해 오라 시키셨습니다. 장사치들을 만나 부탁하기도 하고 몇 달 만에 나타난 그들이 들고 온 책을 살펴 살 것인지 말 것인지를 정하는 것도 모두 가초가 할 일이었습니다.

스님의 말씀대로 가초는 어느 책이든 우리 옛 삼국의 일이나 사람이 들어 있는지를 먼저 확인하고 값을 치렀습니다. 그러나 입맛에 맞는 책을 구하는 일은 쉬운 일이 아니었고 구했다 하더라도 가초는 쉽게 결정 내리기가 어려웠습니다. 이렇게 중요한 일을 왜 내게 시키

실가 하는 생각이 자주 들었습니다. 그밖에 급한 일도, 꼭 가초가 가야 하는 일이 아닐 때도 일연스님은 꼭 가초를 불러 벽란도에 다녀오게 하셨습니다. 마치 앞으로 가초에게 어떤 일이 벌어질지 알고나 계신 듯이.

하지만 가초는 바깥 나들이를 좋아하지 않았습니다. 일연스님을 제일 가까이에서 같이 모시는 생동, 든금과는 생각과 행동, 생김새와 식성까지 달랐지만 사람 많은 곳에 나서는 것을 꺼린다는 점에서 셋은 같았습니다.

계절은 모진 바람과 눈을 뒤로하고 여기저기 작은 잎들을 피워내면서 봄을 맞고 있었지만, 밖에 나설 때마다 가초의 마음은 여전히 추웠습니다. 그나마 위로가 되는 건 개경을 벗어나면 모든 사람이 자기를 힐끔거리는 듯한 느낌이 줄어들고 더구나 벽란도에 들어서면 더욱 마음이 놓인다는 점이었습니다.

가초를 일연스님에게 맡기고 절을 떠난 가초의 어머니는 헤어지면서 이렇게 말했습니다.

"더는 너와 같이 있을 수 없겠구나. 아버지마저 멀리 일본 앞바다에 빠져 시체조차 찾을 수 없는 지금, 계속해서 나와 같이 있는다면, 그래서 내 얼굴을 알아보는 사람이 하나라도 나온다면 앞으로 어딜 가나 오랑캐의 피가 섞였다며 사람들이 너를 가만두지 않을 것이다. 그러나 부처님 자비로 이 절에 인연이 맺어져 너 하나 목숨 붙일 수 있게 되었으니 이 얼마나 다행이며 부처님께서 주신 복이냐. 다행히 넌 몽골 사람의 피가 흐른다 해도 생김새는 우리 고려 사람과 크게 다르지 않으니 이제 이 절에서 아버지의 명복을 빌고 큰스님 말씀 잘 따르며 살도록 해라."

"어머니, 그럼 어머니는 어찌 살아가려고 그러십니까? 어디로 가려고 절 혼자 남으라 하십니까?"

"강화도를 짓밟으러 왔던 네 아버지를 김포 땅에서 만나 강제로 너를 갖게 된 것도, 네 아버지 피 묻은 손에 이끌려 이 경상도 땅까지 온 것도 모두 부처님 인연에 따른 일이니 앞으로 또 다른 인연이 있지 않겠느냐? 이 어미 걱정은 하지 말거라. 관음보살님께서 늘 우리 모자를 지켜 주실 것이다."

벽란도에 들어서 낯익은 몽골의 말과 사람들을 듣고 볼 때마다 가초는 일연스님이 주지로 계시던 비슬산 인홍사에 자신을 남겨 두고 떠났던 어머니와 그 어머니에게 씻을 수 없는 상처를 준 젊은 몽골인 아버지를 생각했습니다.

가초가 열다섯 되던 해, 태어나 한 번도 바다 위에 서 본 적이 없었던 아버지는 황제의 명에 따라 고려 병사들과 함께 일본을 정벌하러 떠나는 배에 올랐습니다. 매년 큰바람이 오는 때라고, 이럴 때 배를 띄워 먼바다에 나서는 일은 미친 일이라며 고려 병사들은 겁에 질려 있었지만 가초의 아버지는 그 큰바람이라는 것이 얼마나 무서운 것인지, 파도라는 것이 얼마나 큰 것인지 알지 못했습니다. 알지 못해서 용감했습니다.

"가초야, 바다라는 것이 아무리 넓다고 해도 우리 몽골의 평원만큼이야 하겠느냐. 바람이 아무리 세다 해도 내가 맞으며 자라 온 그 끝없는 들판의 모래바람보다 세겠느냐. 걱정하지 마라. 고려인들의 저러한 나약함이 자기 나라 꼴을 이렇게 만든 것이다. 하하하."

아버지는 잔혹하고 두려움이 없었으며 명령에는 물불을 가리지 않고 뛰어드는 원나라의 군인이었습니다. 하지만 가초와 어머니만 사는 집에 곡식과 옷감을 수레에 실어 들를 때면 한없이 따뜻하고 부드러운 아버지이기도 했습니다. 어머니는 언제나 웃음 없이 아버지를 맞이했고 그런 어머니를 포기한 듯 아버지는 집에 머무는 동안에는 주로 가초하고만 이야기를 나누었습니다.

"이 전쟁이 끝나면 너를 꼭 우리 대원제국으로 데려갈 것이다. 가서 할아버지와 할머니, 삼촌과 사촌들도 만나야 한다. 그러려면 우리 몽골말과 글을 배우는 데 조금도 게을러서는 아니 된다."

아버지가 유일하게 엄격한 얼굴을 하실 때가 몽골말을 가르칠 때였습니다. 총명한 가초는 배운 말을 쉽게 잊지 않았고 그것은 전쟁에 끌려 나와 가족과 고향을 그리워하는 젊은 장수에게는 큰 기쁨이었습니다. 아버지는 자기 고향의 말과 글을 가르치는 틈틈이 춤과 노래, 말타기와 칼쓰기도 알려 주었습니다. 어머니에게는 왠지 눈치 보이는 일이었지만 친구가 생기지 않던 가초에게 그것은 가슴 뛰는 놀이였고 행복한 시간이었습니다. 열 살이 넘어가면서 가초는 몽골말로 아버지와 이야기를 나누는 데 어려움이 없었고 유목 민족의 글자를 읽는 데도 부족함이 없었습니다.

그렇게 스승이자 친구였던 아버지가 결국 바다에서 살아 돌아오지 못했습니다. 바다는 바람이 부는 시기를 놓치지도 않았고 바다를 우습게 아는 자들을 용서하지도 않았습니다.

가초는 울었지만 어머니는 울지 않으셨습니다. 아버지가 누워 있을 일본의 깊은 바다 쪽을 향해 가초를 절하게 하신 게 끝이었습니다. 당장 급한 건 먹고 살아야 하는 문제였습니다. 어머니는 일감을 찾기 위해 온 마을을 돌아다녔지만, 곧 고향으로 돌아갈 것이라며 땅 한 평 마련해 두지 않은 아버지에 대한 원망만 안고 빈손으로 돌아올 뿐이었습니다.

마을 사람들은 어머니를 벌레 보듯 했고 심지어 침을 뱉는 사람도 있었습니다. 마땅히 갈 곳도 정하지 않은 채 모자는 짐을 꾸려 마을을 떠나야 했습니다. 합포(지금의 마산)에서 출발한 모자가 북으로 북으로 걸음을 옮기다 겨우 도착한 곳이 인흥사였습니다.

이미 거지꼴을 하고 있던 모자는 공양간에서 겨우 밥을 얻어먹고 몸을 추슬러 다시 길을 떠날 생각이었습니다. 그런데 뜻하지 않은 일이 벌어졌습니다.

"네가 스님들도 읽지 못하는 경전을 읽어 냈다지?"

"네. 주지스님."

"그래? 그럼 이것도 읽고 뜻을 헤아릴 수 있겠느냐?"

"뜻은 자세히 모르겠으나 부처님 공덕을 찬양하는 몽골의 문자입니다. 이 글자는 부처를, 아니 부처님을 뜻하는 글자이고, 이 글자는 '라마'라 읽는데 스승, 스님을 뜻하는 글자입니다."

공짜로 밥을 얻어먹을 수는 없다며 가초의 어머니가 잠깐 부엌일을 돕는 사이 일연스님께서 가르치는 제자 중 하나가 흘린 책 한 권을 유심히 보던 가초가 반갑다는 듯이 큰 소리로 몇 문장을 읽은 것이 시작이었습니다. 팔만대장경 간행을 위해 가까운 나라의 불경까지 모두 모아들인 덕분에 몽골의 라마 불교 경전이 이곳까지 흘러든 것인데 그걸 가초가 읽은 것이었습니다.

공양간에서 놀라 뛰어나온 어머니는 서둘러 가초의 입을 막았지만 이미 늦었습니다. 이상한 억양과 음색으로 처음 듣는 소리를 내는 쪽을 향해 스님들은 몰려들었고 가초는 곧바로 일연스님 앞에 어머니와 함께 불려 나갔습니다.

"모두 나가 있거라."

무슨 신기한 구경이라도 되는 듯 방에 들어선 몇몇 스님들을 향해 일연스님께서 처음 하신 말씀이었습니다. 곧 어머니는 낮고 길게 그동안 살아온 이야기를 올렸습니다. 그 얘기 중에는 가초가 처음 듣는 것들도 있었습니다. 한참이나 어머니의 이야기를 듣고 계시던 일연스님은 어머니의 긴 얘기가 끝난 후에도 이상하게 생긴 염주를 돌리며 나직하게 "나무아미타불 관세음보살"만 외우셨습니다.

"어찌하겠누. 그도 인연인 것을……. 살아 있는 목숨을 부끄러워하지 말고 살아갈 목숨을 붙잡으시게나."

일연스님이 긴 염불 끝에 주신 말씀이었습니다. 그러곤 누구에게도 두 모자의 사정을 말씀하지 않으신 채 둘을 절에 머물게 해 주셨습니다. 어머니는 공양주로 주로 부엌일을 맡았고 가초는 행자 신분이었습니다.

한 계절이 지나고 절을 드나드는 사람들이 점점 어머니와 인사를 나누게 될 무렵 어머니는 갑자기 절을 떠나셨고 일연스님은 가초에게 사정을 묻지도 어머니의 행방을 찾지도 않으셨습니다. 다만 어른이 되기 전에 벌써 부모를 모두 잃어 마음을 붙이지 못하는 가초를 불러 해 주신 말씀은 옛이야기였습니다.

"옛 신라 경덕왕 때에 아간 벼슬을 하는 귀진이란 사람 집에 욱면이라는 여종이 살고 있었다.[33] 그 주인이 미타사란 절에서 만 일을 기약하고 불공을 드렸는데 그때마다 따라가 마당에 서서, 법당 안에서 새어 나오는 스님들의 염불을 정성스레 따라 하였다 한다. 그런데 주인은 일은 하지 않고 자기를 따라와 자기보다 더 염불에 집중하는 그 계집종이 못마땅했더라는구나. 그래서 곡식 두 섬을 매일 주고는 그걸 모두 찧기 전에는 절에 얼씬도 하지 말라고 명령을 내렸지.

하지만 욱면은 온 힘을 다해 초저녁까지 그걸 다 찧고는 또 부지런히 달려와 밤이 새도록 염불을 외웠다고 하는구나. 심지어는 마음껏 부처님을 모실 수 없는 자기 처지를 한탄하며 손바닥을 뚫어 자기가 박아 놓은 말뚝에 새끼줄로 묶기까지 하면서 기도했다고 한다. 더 심하고 어려운 일을 주면서 자기를 다시 내쫓을 게 뻔한 주인에게 버티겠다는 마음을 보인 게지.

그런 마음은 반드시 하늘과 통하기 마련이고 하늘에서는 '저 욱면 낭자의 기도가 하늘에까지 들리는구나. 당장 불당으로 들어가 염불을 계속하게 하라'는 소리가 들려왔다고 한다. 놀란 절 사람들이 어쩔 수 없이 법당 안에 자리를 마련해 주고 염불을 계속하게 해 주었지. 그런데 서쪽 하늘에서 음악 소리가 들리더니 욱면이 법당 지붕을 뚫고 하늘로 솟아 올라갔단다. 다시 모습을 보인 건 얼마 후 서쪽 땅에서였는데 신비로운 음악 소리에 둘러싸인 채 연화대에 앉아 빛을 내며 하늘로 올랐다 한다. 욱면이 뚫고 나간 지붕 구멍은 열 아름 정도나 되었는데 하늘이 훤히 올려다보이는 그 구멍으로 함박눈이나 장대비도 들어오지 못했다고 하는구나."

"……."

155

8

경주 남산의

"사람의 마음이 지극하면 그 사람이 남자이건 여자이건, 귀족이건 노비이건 이처럼 하늘과 통하게 된다. 통해야 마음이 된다. 네 어미는 이곳에 와서 하루도 새벽 예불을 거르지 않았다. 아무리 많은 눈과 거센 비가 쏟아져도 간절한 마음으로 절하고 기도하고 염불을 외웠다. 그 마음이 그리 간절하니 어느 곳에 있더라도 너와 마음이 통할 것이다. 그도 그럴 것이 너와 네 어미의 거리는 욱면과 하늘의 거리보다는 가깝지 않더냐. 통하지 않는 것은 마음이 부족해서일 뿐이다."

가초는 그 말씀을 얼마 후 일연스님과 함께 운문사로 옮기고 난 뒤에도, 그 뒤에 일연스님을 모시던 모든 시간 동안에도 한시도 잊은 적이 없었습니다. 일연스님을 돕다가 일연스님이 그토록 애를 쓰시는 책에까지 욱면의 이야기가 실린 것을 우연히 보게 된 가초는 그래서 그 이야기가 더욱 반갑고 고마웠습니다. 마치 스님이 자신을 위해 그 귀한 책의 한쪽을 내어 주신 것만 같았습니다.

일연스님 주변에 몽골을 비롯해 초원에서 말을 타는 사람들의 글을 읽을 줄 아는 것은 자신밖에 없다는 것이 그렇게 고마울 수 없었습니다. 욱면의 이야기를 생각할 때마다 어머니가 가까이에서 자신을 위해 기도하고 계신 듯했고, 어머니에 대한 그리움으로 마음이 휘청거릴 때마다 가초는 하늘에 닿은 욱면의 간절한 기도를 떠올렸습니다.

그러던 어느 날, 가초에게 어머니가 모습을 나타냈습니다. 참 좋은 늦봄의 어느 날 일연스님 심부름으로 찾은 벽란도 항구에서였습니다. 어머니는 머리를 깎은 비구니의 모습이었습니다. 가초 앞에 선 어머니는 울었습니다. 하지만 가초는 울지 않았습니다.

"이제 또 어디로 떠나십니까?"

'어머니, 어머니…….'

"스님, 이제는 어엿한 어른이 되셨습니다. 흑흑."

"배에 오르려 하시는 듯하던데…… 무엇을 찾으러 가십니까?"

'이제 겨우 뵈었습니다. 또 저를 놔두고 떠나가십니까?'

"이 어미를 용서하신 겁니까?"

"원효스님께서는 모든 것이 마음먹기에 달렸다 하셨습니다. 진리는 멀리 있지 않습니다."

'그러니 제발 가지 마십시오.'

"나무관세음보살. 관음보살님이 잘 키워 주셨습니다. 제가 해야 할 일을. 관음보살님 자비로 잘 크셨습니다."

"산에 사는 짐승이나 마을에 사는 가축이나 새끼가 젖을 떼고 크게 되면 그 어미들이 더는 먹이를 구해 주지 않습니다. 품어 주지 않습니다."

'세상의 이치가 그러하니, 이제 저도 다 컸으니 그냥 이 땅에 계시면 안 됩니까?'

통해에 감장이다

"부처님 전에 한 번만 한 번만 속세의 아들을 보게 해 달라고 빌었습니다. 이제 떠나 다시 돌아오기 힘든 길을 나서면서 어리석다 어리석다 하면서 빌었습니다."

"원효스님의 말씀을 또 드립니다. 진리는 멀리에 있지 않고 마음은 간절하면 통하게 됩니다."

'저 역시 간절히 빌었습니다. 욱면을 생각하며 저도 그리 빌었습니다.'

"고맙습니다, 스님. 고맙습니다. 흑흑. 이제 전 정말 여한이 없습니다. 다만 한 가지 더, 이렇게 만나게 되었으니 부탁이 있습니다."

"무엇입니까?"

'부탁은 제가 드리고 싶습니다. 어머니. 아, 어머니.'

"마지막으로 한 번만 스님 이름을 불러 봐도 되겠습니까? 한 번만 안아 보아도 되겠습니까?"

가초는 마음과 달리 아무 말 없이 조용히 합장하고 돌아섰습니다. 일연스님이 시킨 일은 까맣게 잊은 채 얼른 자리를 떠나고만 싶었습니다. 그것이 이제 같은 길을 걷게 된 어머니를 돕는 일이라 생각했습니다. 어머니가 오를 배에 서역 사람들이 한가득한 걸 애써 잊으려 했습니다. 자꾸만 뒤에선 "가초야, 가초야" 부르는 소리가 들려오는 듯했습니다.

밤에 개울을 건널 때처럼 발을 헛딛고 발걸음이 점점 무거워졌습니다. 자기도 모르게 어머니 앞에 내밀려던 손을 억지로 참느라 어깨부터 손가락 끝이 밧줄에 꼭 묶인 듯 저려왔습니다. 온몸이 땀에 젖은 채 가초는 광명사에 돌아왔습니다. 고개를 숙이고 일주문을 지나 사천왕상을 지나고 요사채에 들어서자마자 다짜고짜 우물물을 길어 몸에 붓기 시작했습니다. 그러곤 아직 차가운 봄밤 날씨에 우는 건지, 웃는 건지 입을 막은 손바닥 사이로 괴상한 소리를 삐쳐 내며 계속 얼굴을 닦아 냈습니다. 그렇게 얼굴이 벗겨져라 한참을 닦아 내던 가초가 몸과 마음이 지쳐 쓰러지듯 주저앉아 있을 때 뒤에서 인기척이 느껴졌습니다.

"어미를 만난 게냐?"

가초는 물에 담겨진 솜처럼 바닥에 눌어붙어 겨우 소리 나는 쪽을 돌아보았습니다. 일연스님이 서 계셨습니다.

"어찌 아셨습니까?"

"네가 '이지, 이지' 하지 않았더냐? 그건 몽골말로 어머니를 뜻하는 것이지?"

"네, 그렇습니다. 큰스님. 오늘 벽란도에 나갔다가 비구니가 된 어머니를 보게 되었습니다."

"같은 부처님 길을 걷고 있다니 반가운 일 아니냐?"

"그런데 그렇긴 한데…… 또 어디론가 떠나는 길이었습니다. 먼 초원의 땅에서 피를 찾아온 아버지는 먼 바닷속에 누웠고 그나마

한 분 계시던 어머니마저 서역 사람들이 가득한 배에 오르고 있었습니다."

"우리 땅 고려에서의 인연이 다한 모양이구나."

"가혹하십니다. 참으로 심하십니다. 부처님께서는 어찌 이리도 저희 모자를 한 하늘 아래 두시지 않는 것입니까?"

"어리석구나. 내 전에도 이야기하지 않았더냐. 몸의 거리가 중요한 것이 아니고 마음의 거리가 중요한 것이라고. 네가 오늘 아침 이곳을 나설 때 어미를 만날 줄 몰랐던 것처럼, 어디서 또 어떻게 다시 만나게 될지는 아무도 모르는 것이다."

"큰스님……, 아무것도 하지 않고 그저 인연을 기다리기보다는 인연을 찾아 나서는 게 옳은 일이 아닐까 싶습니다."

"하늘을 거슬러 억지로 해서 되는 일은 없다, 가초야. 그러나 네 마음이 그리 움직이는 것도 하늘의 뜻이고 부처님의 인연일 수 있으니 조금만 더 생각을 해 보자꾸나."

"네, 알겠습니다. 스님."

일연스님이 자리를 뜨시고 비척비척 일어난 가초마저 방으로 사라지자 어둑해진 산 그늘에서 그림자 하나가 나타났습니다. 생동이었습니다. 여전히 봄을 시샘하는 차가운 바람이 어떠한 생명도 자랄 수 없게 하겠다는 듯 거세지고 있는 절 마당 한가운데에서 생동은 굳은 얼굴로 가초가 사라진 쪽을 바라보고 있었습니다.

[33] 《삼국유사》 권5, 〈감통(感通)제7〉 편에 나오는 이야기.

세상 속으로
피하라

생동이 몸을 갈고 닦던 광명사 구석의 작은 뒷마당은 반달이 비쳐 사물의 윤곽을 겨우 보여 주었지만 옅은 구름이 연기처럼 달을 감싸고 돌면서 점점 한 치 앞을 보기가 어려워졌습니다. 더구나 스멀스멀 밤안개가 올라오기 시작하자 절은 물속에 잠긴 마을처럼 흔들리면서 법당과 법당 사이의 거리를 가늠하기 어려워졌습니다. 멀리서 석등 불빛이 잠깐씩 흔들거리지 않았다면 그 마당 가운데 꼼짝 않고 서 있는 두 사람도 석등처럼 보였을 것입니다.

"무슨 말이 듣고 싶은 거지?"

"듣고 싶은 말은 없다. 그동안 충분히 네 거짓말을 들었으니까. 다만 다시 보고 싶었다. 더러운 피가 흐르는 네 몸과 얼굴을. 보고 난 후에 지워 버리고 싶었다."

"세상에 더러운 피는 없다. 생명을 실어 나르는 피는 다만 자기 일을 하고 있을 뿐이다. 또한 난 네게 거짓말을 한 적도 없다. 다만 하고 싶지 않은 말을 하지 않았을 뿐이지."

"가초, 난 너를 운문사에서 처음 보았을 때부터 이상하게 낯설다고 생각했다. 낯설어서 낯익었다. 이제 알겠다. 그 이유를. 네 얼굴은 내가 두려움에 떨며 피해 다니던 그 칼들의 주인하고 같았음을……. 진도에서 죽어 간 내 부모의 피를 묻힌 칼을 네 동족이 들고 있었음을 이제 알겠다."

가초는 가만히 생동을 바라보았습니다. 그러곤 어깨를 들어 깊은 숨을 내뱉고 말을 이었습니다.

"생동, 너는 아직도 쫓기고 있구나. 몽골의 칼이 아니라 지나가 버린 시간에. 아직도 묶여 있구나. 포로를 잡는 밧줄이 아니라 너를 해치지도 못할 기억에."

"그래, 맞다. 그래서 난 나를 묶고 있는 것들을 이제 끊고 싶다. 강화도에서 진도에서 제주도에서 죽어 간 삼별초의 어른들이 울부짖는 소리를 난……. 더는 듣고 싶지 않다. 네 정체가 무엇인지 알게 된 이상, 이제 너와 한 공간에 머물 수는 없다. 당장이라도 네놈을 베어 그 피로 내 부모와 어른들의 원한을 달래고 싶지만 내 이미 머리를 깎고 법복을 입은 몸, 목숨만은 살려 주겠다. 단, 당장 이곳을 떠나라."

"목숨이라……, 나 역시 목숨에 미련을 버린 지 오래다. 이 갑갑한 육신을 벗어날 수 있다면 헌 옷처럼 버릴 수 있는 게 목숨이라고 오랫동안 생각해 왔다. 차라리 베어다오. 고맙구나. 이제 너를 통해 극락에 이를 수 있다니."

　담담한 가초에 비해 생동은 흥분하고 있었습니다. 저녁 무렵에 일연스님과 가초의 얘기를 우연히 듣게 됐을 때부터 끓어오르던 분노를 억누르지 못하고 있었습니다. 항상 말이 없으면서도 궂은일에는 제일 먼저 나서서 은근히 형처럼 의지했는데……. 가초에 대한 그동안의 마음이 무너져 내리면서 그 화는 더욱 커졌습니다. '가초가 몽골 놈의 자식이라니…… 내 부모를 죽이고 죄 없는 목숨을 수없이 죽인 그 짐승 같은 놈들의 피가 흐른다니.'

　그러면서도 생동 역시 슬펐습니다. 끝내 마음 붙일 곳 없는 이 세상이 싫어졌습니다. 끊어지지 않는 악연 속에서 여전히 헤매는 자신이 들여다보여서 가슴이 터져 버릴 것 같았습니다. 그동안 해 주신 일연스님의 말씀도, 때때로 깊이 새기던 부처님의 가르침도 헛되고 헛된 먼지처럼 날아가는 듯했습니다. 무엇보다 가초를 불러 이야기를 들어야 했습니다. 변명해 주길 그리고 조용히 떠나 주길 생동은 간절히 바랐습니다.

　저녁 내내 큰 숨을 들이쉬다 잠자리에서 뒤척거리는 가초를 불러내는 일은 쉬웠습니다. 가초 역시 무슨 일인지 다 안다는 듯 조금도 망설이지 않고 생동을 따라나섰습니다. 그러나 가초는 변명도 하지 않았고 떠나라는 말에도 대답하지 않았습니다. 생동은 훈련을 위해 한쪽 구석에 세워 둔 목검을 고쳐 들었습니다. 그러곤 가초의 머리를 겨누었습니다.

"다시 한 번 말한다. 떠나라. 네가 무슨 생각으로 지금까지 이 땅에서 버텨 왔는지 모르겠지만 이제 우리의 악연은 여기서 끝내자."

"나를 움직일 수 있는 것은 네가 아니다. 왜 아직도 그것을 모르느냐?"

"내가 아니라고? 그럼 이 칼이 너를 움직일 수 있겠군."

생동은 깜깜이 패거리와의 싸움에서나 공연히 시비를 붙어 오는 왈짜패들에 맞서 저잣거리에서 몸을 쓰는 가초를 몇 번이나 본 기억이 났습니다. 뱀처럼 유연하면서도 자기 힘을 아껴 적의 힘만으로 상대를 넘어뜨리는 기술을 본 적이 있는 생동은 가초가 그리 만만한 상대가 아니라는 것을 잘 알고 있었습니다. 그래서 정확히 급소를 노려 한 번에 제압하기 위해 힘껏 칼을 내리쳤습니다.

무예의 기본은 자기의 무기를 보는 것에 있지 않고 상대의 움직임을 따라가는 것임을 생동은 잘 알고 있었습니다. 그래서 가초에게서 눈을 떼지 않고 칼을 내린 것이었는데 가초는 피하지 않고 있었습니다. 오히려 눈을 똑바로 뜨고 자신을 향해 바람을 가르는 칼을 바라보고 있었습니다.

생동은 얼마든지 피할 수 있을 거라는 예상이 빗나가는 순간 '이건 아니다'는 생각에 힘을 빼려 했지만, 속도는 늦춰지지 않았고 목검은 그대로 가초의 이마에 내리꽂혔습니다. 잠시 비틀거리긴 했지만 가초는 두 번째 공격도 피하지 않겠다는 듯 역시 자세를 바로 하고 뒷걸음질하지 않았습니다. 그것이 생동을 진짜 화나게 했습니다. '이번엔 정말' 하는 마음으로 칼을 높게 들어 다시 내리치려고 손에 힘을 주고 있을 때였습니다.

"멈춰라."

일연스님이 가초의 뒤에서 천천히 걸어 나오고 계셨습니다.

"이 무슨 짓이냐?"

크지 않은 소리로 생동을 묶어 놓으시고 일연스님은 두 젊은 스님을 한참이나 번갈아 바라보셨습니다. 생동은 어찌할 바를 몰라 칼을 놓고 고개만 숙였습니다. 가초의 머리 한쪽에서 시작된 피는 잠시 눈썹 위에 고이는 듯하더니 눈썹 끝으로 흘러내려 뺨을 타고 턱을 향해 떨어지고 있었습니다. 피눈물이었습니다. 일연스님은 가사 한쪽 소매에서 무엇인가를 꺼내시더니 아무 말없이 가초의 피를 닦아 주셨습니다. 그러곤 다시 몸을 돌려 오시던 방향으로 걸음을 내딛으며 말씀하셨습니다.

"들어가라. 다시는 내 잠을 방해하지 말고 둘 다 들어가 자거라. 깨어날 수 있는 잠을 자는 것도 사람에게 많이 주어지지 않느니라." 가초를 깨어날 수 없는 잠에 빠지게 할 뻔했던 생동도, 깨어날 수 없는 잠을 간절히 바랐던 가초도 그날 밤은 한 번도 잠에 빠지지 않은 채 새벽을 맞았습니다. 거짓말처럼 안개가 걷히고 이슬이 말라갈 무렵 일연스님은 든금을 포함해 셋 모두를 한자리에 모이게 했습니다. 그러곤 바로 말씀하셨습니다.

"연회스님 이야기[34]를 알고 있느냐?"

"네, 알고 있습니다. 얼마 전 무극스님이 오셨을 때 삼국의 이야기 책에 새로 보태신 내용으로 알고 있습니다."

"가초만 그 이야기를 알고 있는 것 같구나. 해 보거라."

"신라 원성왕 때에 영취산에 숨어 사시며 늘 〈법화경〉을 읽고 보현보살의 수행 방법을 따라 하시어 뜰의 연꽃도 계절에 상관없이 피게 하여 그 덕을 칭송받던 고승이셨습니다. 왕이 그 신기함을 듣고 국사로 삼고자 불렀으나 벼슬에 얽매이기 싫어 암자를 버리고 달아났다 했습니다."

"그래서 어찌 되었지?"

"떠나는 길에 힘들게 멀리 가려는 것이야말로 이름을 팔기 위한 것이 아니냐는 문수보살의 이야기를 듣고는 크게 깨달은 점이 있었다 합니다. 바로 암자로 되돌아와 왕의 사자를 맞이하고 곧 신라의 국사가 되었다 합니다."

"그렇다. 내가 왕의 부름을 받아 이곳 개경에까지 이르러 왕이 스스로 옷의 뒷자락을 걷어 올리고 절하는 예를 받아가면서까지 국존에 이른 것이 그와 같은 것이다. 내 일흔이 넘어 호거산 운문사에 숨어 이름을 팔지 않으려 했지만 지나친 겸양이 그 또한 오만일 수 있음을 연회스님을 통하여 깨달은 것이다. 산속에 거짓으로 숨지 않고 오히려 속세로 뛰어드는 것이 진정한 은거라 생각했다. 그러나 내년이면 내 나이 여든이다. 왕을 위하여, 고려를 위하여 할 일을 다하였으니 이제는 다시 산속으로 가고자 한다."

"임금께서 허락하시겠습니까?"

든금의 질문에 일연스님은 바로 답을 주셨습니다.

"효성왕과 경덕왕, 두 왕에게 신임받던 신충의 이야기[35]를 해 드렸다. 큰 총애를 받던 신충이 벼슬을 버리고 산에 들어가 머리를 깎고 승려가 되었다는 이야기를. 왕이 두 번이나 불렀지만 듣지 않고 절을 짓고 오직 왕의 복을 빌겠다 하였더니 들어주었다는 이야기를 말이다. 또한 내 어머니 이야기를 해 드렸다. 아흔이 넘으신 병든 어머니를 이제는 모시러 가야겠다 했더니 그 또한 말릴 수 없어 하시더구나."

일연스님은 가초의 머리 상처를 보시면서도 지난 새벽의 일에 대해서는 한 말씀도 없으셨습니다. 가초는 왠지 그것이 자신에 대한 일연스님의 질문처럼 느껴져 말을 받았습니다.

"알겠습니다, 큰스님. 그럼 저희도 곧 짐을 꾸려 이곳 광명사를 떠날 준비를 하겠습니다."

순간 생동이 고개를 돌려 가초를 쏘아보았지만, 일연스님은 역시 못 본 척 생동에게 꾸지람도 없이 전혀 예상치 못한 말씀을 하셨습니다.

"아니다. 가초 넌 이제 너만의 길을 가는 것이 좋겠다. 바다를 건너 중원의 땅을 지나면 끝없는 사막과 황량한 들판이 나오고 그것을 지나 다시 하늘에 닿을 듯한 산을 넘으면 부처님 나신 땅이 나온다 한다. 새로운 걸음을 시작하기 전에 처음 걸음을 떼던 곳을 돌아보는 것도 때로는 좋은 법이다. 가초는 부처께서 고민하시고, 고행하시고, 마침내 깨달음을 얻어 중생을 위해 불법을 펴신 그곳에서 다시 시작해라. 그리고 너에게 주어진 인연을 찾거라."

가초는 선뜻 '아닙니다. 큰스님을 따라가겠습니다' 하는 말이 나오지 않았습니다. 일연스님의 그늘을 벗어나 혼자만의 길을 나서는 것은 두려운 일이었지만 자신의 고향과 어머니를 찾으라는 말인 듯해서 아니라 할 수 없었습니다. 벗어날 수 없는 인연이라면 마주 대하는 것도, 차라리 직접 부딪혀 보는 것도 방법이라는 생각이 들었습니다. 또한, 스님의 말씀은 어제 일이 분명히 계기가 되었겠지만, 이전에 오랫동안 자신을 위해 생각해 오신 말씀이라는 생각도 들었습니다.

"네, 큰스님. 무슨 말씀이신지 알겠습니다."

"그래, 금방 그 뜻을 헤아려 주니 고맙구나. 그리고 나를 떠나야 하는 것은 생동 너도 마찬가지다."

"네? 큰스님, 그게 무슨 말씀이십니까?"

"생동아, 내가 너를 버리는 것이 아니다. 너는 지금 네게 맞지 않

171

9

세상 속으로
피하라

는 옷을 입고 있으니 네가 마땅히 입어야 할 옷이 있는 곳으로 가라는 말이다. 너에겐 분명 네가 할 일이 따로 있다. 과거를 통해 무과에 오르는 것도 한 방법일 것이다. 사람의 본성을 억누르기만 하는 것이 좋은 방법은 아닐 것이니 그동안 갈고 닦은 무예를 이제는 약한 나라와 그 안에서 병들어 가는 사람을 지키는 일에 쓰도록 하거라. 내이미 병부상서에게 네 자리를 부탁해 두었다. ”

“큰스님, 어제 일 때문에 그러십니까? 그렇다면 그것은…….”

“아니다. 오랫동안 생각해 온 일이다. 절은 길들지 않는 너에게 새장과 같구나. 불법의 길이 절에만 있는 것이 아니니 새장을 벗어나 세상으로 날아가 사람을 구하는 일에 네 칼을 쓰도록 해라.

그러나 생동아, 참으로 걱정스러운 것이 너이구나. 신라 내해왕 때 물계자란 인물이 있었다.[36] 주변의 나라들이 신라를 침략했을 때 제일 앞에서 싸워 군공이 으뜸인 인물이었다. 하지만 태자는 그를 미워하여 특별한 상을 내리지도 왕에게 그 공적을 알리지도 않았다. 물계자는 아랑곳하지 않고 그 뒤에 이어진 싸움에서도 자신의 목숨을 돌보지 않고 싸워 역시 큰 공을 세웠다 한다.

이번에도 사람들은 물계자의 큰 공을 알아주지 않았는데 물계자는 오히려 ‘임금을 섬기는 도리는 위태로울 때 목숨을 바치고, 큰일을 당했을 때는 자신을 버리고 의리와 절개를 지키는 것인데 전쟁에서 목숨을 구해 살아 돌아왔으니 참으로 부끄러운 일’이라며 머리를 풀고 산에 들어가 다시는 나오지 않았다 한다. 그가 거문고를 지니고 산속에 들어가 대나무의 곧은 성질도 병임을 깨닫고 그것을 슬퍼하는 노래를 불렀다 하는데, 산에 들어가서야 자신을 제대로 돌아본 것이 아니겠느냐. 앞으로 어디에서 무엇을 하건 물계자와 같이 충성하면서도 마냥 곧지만 말고 때론 휠 줄도 알아야 할 것이다. 이제 미움은 버리고 말이다."

생동은 일연스님이 말씀을 번복하지 않으시리라는 것을 느꼈습니다. 오랫동안 자신을 염려해 오셨다는 것도 알 수 있었습니다. 일연스님은 한 알 한 알 다르게 생긴 염주를 손에서 돌리지 않고 그 중 한 알 만을 꼭 쥐고 계셨습니다. 그 뜻은 돌아가지 않는 염주처럼 자신에 대한 생각을 멈추셨으며 이제야말로 일연스님과의 인연이 마무리되고 자신이 새 길을 가야 할 때라는 것을 뜻했습니다.

"마지막으로 든금이는 나와 함께 가자꾸나. 옛 신라에 관기와 도성이라는 친구 스님이 계셨다는 데 남쪽 고개에 사시는 관기스님이 북쪽에 사시는 도성스님을 뵙고자 하면 나무들이 도성스님이 계신 북쪽을 향하여 고개를 숙이고, 반대로 도성스님이 관기스님을 청하려 하면 나무들이 남쪽을 향하여 구부러졌다지.[37] 내 그런 도반은 없으나 든금이가 같이 가 준다면 그렇게 친구처럼 잘 지낼 수 있겠다 싶구나."

"큰스님, 제 온몸을 다하여 모시겠습니다."

새로운 삶을 꿈꾸라

"그래, 고맙구나. 헤어지는 인사는 언제 다시 만날지 모르는 우리에게 번거로운 일일 뿐이고, 다시 보자는 약속은 인연을 짐작할 수 없는 인간들에게 헛된 일일 뿐이니 내일 날이 밝는 대로 각자의 길을 가자꾸나. 부디 자신을 찾아 해탈을 이루도록 해라."

다음날 새벽 생동이 눈을 떴을 때, 이미 든금과 가초는 자취를 보이지 않았습니다. 서둘러 일연스님 처소에 가 보았지만 역시 계시지 않았습니다. 아직 어둠이 가시지 않은 광명사의 일주문까지 한걸음에 뛰어가 보았지만, 그곳에서도 일연스님과 든금, 가초는 찾을 수 없었습니다.

생동은 크게 숨을 내쉬었습니다. 이제 혼자 시작하는 첫걸음을 떼기 전에 생동은 일연스님이 가신 쪽일 거라 짐작되는 곳을 향해 두 손을 모으고 깊이 허리를 숙였습니다. 일연스님을 찾는 광명사 스님들의 수선스러운 발걸음이 들릴 때까지 생동은 그렇게 깊이 꺾인 허리를 펴지 않았습니다.

[34] 《삼국유사》 권5, 〈피은(避隱)제8〉 편에 나오는 이야기.

[35] 《삼국유사》 권5, 〈피은(避隱)제8〉 편에 나오는 이야기.

[36] 《삼국유사》 권5, 〈피은(避隱)제8〉 편에 나오는 이야기.

[37] 《삼국유사》 권5, 〈피은(避隱)제8〉 편에 나오는 이야기.

10

효만큼
선한 일은 없다

광명사를 떠나 방향을 잡은 인각사에 도착하기도 전에 왕이 보낸 사자들이 일연스님과 든금을 따라잡았습니다. 마지막 인사도 없이 홀연히 떠난 일연스님께 임금의 원망과 탄식을 한참이나 전하던 그들은 반으로 나뉘어 한쪽은 일연스님을 가마에 모셨고 나머지는 인각사에 먼저 가 일연스님이 계실 곳을 준비한다며 서둘러 말을 달려 앞질러 갔습니다.

번거로운 일을 꺼리시던 일연스님은 측은하게 그들을 바라보다 가마에 올랐지만, 나이 든 스승 걱정에 내내 불안해하던 든금은 이제 한숨 놓는 표정이었습니다.

그러나 며칠 후 도착한 일연스님은 어머니가 계신 절 근처 마을의 작은 초가로 향했습니다. 큰 절인 인각사에도 어울리지 않을 만큼 한껏 꾸며 놓은 처소에는 발도 들여 놓지 않은 채 말입니다.

작은 몸의 어머니는 작은 방에 누워 계셨습니다. 개경보다 훨씬 남쪽인 이곳은 벌써 개나리가 피고 진달래도 흐드러지고 있었지만

두꺼운 이불을 덮고 계신 어머니는 여전히 추운 듯 가볍게 몸을 떨고 계셨습니다. 큰 이불에 숨이 벅찬 듯 가슴께가 힘들게 오르내리는 것을 보던 일연스님은 가만히 이불을 걷고 어머니의 손을 잡았습니다. 그리고 천천히 어머니 가슴에 머리를 기대었습니다.

"어머니, 견명이 왔습니다. 밝음이가 돌아왔습니다."

이제 곧 백 살이 되는 어머니는 이제 곧 여든이 되는 아들의 머리를 가만히 쓰다듬으셨습니다. 깃털처럼 가벼운 무게에 굽고 상처투성이인 손으로 머리를, 이어서 얼굴을, 목을, 어깨를, 팔을, 무언가를 확인하는 것처럼, 손가락 끝으로 두드리듯 대어 보았습니다. 이미 초점을 잃은 눈은 허공에 붙잡혀 있었지만, 그 손길은 70년 만에 곁으로 돌아온 아들을 다시는 놓지 않겠다는 듯 힘이 들어가 있었습니다.

어머니의 손길이 팔을 내려와 다시 손에 이르자 어머니 손에 일연스님이 늘 쥐고 있던 염주가 닿았습니다. 한 나라의 국존에 어울리지 않는다며 임금과 높은 관리들이 온갖 정성으로 보석을 넣어 화려하게 꾸며 준 염주들을 끝까지 마다하고 늘 몸에 지니고 다니던 그 못난 염주에 어머니의 손이 닿자, 어머니는 놀랍게도 일연스님이 하시던 것처럼 하나하나 염주알을 만지듯이 돌리셨습니다.

그 염주 알 하나하나에 어떤 이야기가 담겨 있는지 모두 알고 계신다는 듯 어떤 염주 알을 쥐실 때는 웃는 듯이 보였고, 다른 염주 알을 만질 때는 손끝으로 돌려 보며 힘든 숨을 더욱 깊게 내쉬기도 했습니다.

　그 모습을 눈에 담듯 지켜보던 일연스님은 염주를 풀어 어머니의 왼손에 감아 드렸습니다. 그제야 어머니는 일연스님을 향하던 손을 거두어 두 손을 모아 염주를 돌리기 시작하셨습니다. 곧 숨이 고르게 오르내리자 일연스님은 마치 아기를 재우듯 작은 소리로 노래를 부르기 시작하셨습니다. 아니 불경을 외우기 시작하셨습니다.

　　멀리 떠난 자식을 걱정해 주시는 은혜를 어찌 잊겠는가.

　　죽어서 헤어지는 것도 잊기 어렵거늘

　　살아서 이별하는 일은 더욱 더 마음 아프다네.

　　자식이 집 떠나 타향에 가면

　　어머니 마음도 자식을 좇아 타향에 이르니

　　낮이나 밤이나

　　흐르는 눈물이 몇 천 줄기나 될 것인가?

　　새끼를 사랑하는 원숭이처럼

　　떠난 자식 생각에 애간장이 끊어지시네.

　　자식을 위해서는 손가락질당할 일도 부끄러워하지 않는 은혜를

　　어찌 잊을까.

　　강처럼 산처럼 무거운 부모님 은혜

그 은혜 갚고 싶어도 갚기 어렵구나.

자식이 괴로우면 그 일 대신 받으려 하시고

자식이 고생하면 어머니 마음도 편치 않네.

먼 길 떠나는 자식

잠자리는 춥지 않나 배는 곯지 않나 마음이 흔들리기만 하네.

아들딸 고생은 잠깐이지만

어머님의 마음은 두고두고 쓰리구나.

끝까지 사랑하고 가엾이 여기시는 은혜를 어찌 잊을까.

부모님 그 은혜 깊고도 무겁구나.

사랑하는 그 마음 마르지 않아

앉으나 서나 오직 자식 생각뿐.

멀리 있거나 가까이 있거나

자식 생각이 떠나지 않으니

어머니 나이 백 살이 되어도

여든 된 자식을 걱정하시네.

아…… 이 같은 어머니의 사랑이 언제나 끝날까.

하늘로 돌아가시면 그때야 멈추실까?

든금이 사미계를 받던 날, 가초의 소리로 들은 〈부모은중경〉의 끝 부분이었습니다. 일연스님의 어머니는 평안한 얼굴로 곧 깊은 잠에 빠지셨습니다.

"나는 여기에 머물 것이네. 든금을 빼곤 모두 물러가 있게나."

따라온 많은 사람에게 일연스님은 단호하게 말씀하셨습니다.

한 계절이 지나도록 일연스님은 먹여 드리고, 씻겨 드리고, 옷 입혀 드리고, 이야기해 드리며 어떨 때는 웃으시다가 어떨 때는 아무 소리 내지 않으시며 어머니 곁에 머물렀습니다.

집 주변에 구렁이 허물이 덩그러니 남아 있고 아침저녁으로 선뜻한 기운에 목이 움츠러들던 어느 깊은 밤, 일연스님 옆 방에서 선잠을 자던 든금은 그동안 한 번도 들려오지 않던 목탁 소리가 조용히 새어나오는 걸 들었습니다. 불길한 마음에 어머니를 모시던 방에 급하게 들어서자 가사와 장삼을 차려입으시고 단정히 앉아 계시던 일연스님이 조용히 말씀하셨습니다.

"이제야 쉬시게 되었구나. 준비하거라."

특별히 더 준비할 것은 없었습니다. 누구라도 오래전부터 예상할 수 있는 일이었기 때문에 필요한 것은 이미 갖추고 있었습니다. 소식을 전한 운문사에서 무극스님이 오신 것 외에 일연스님은 다른 손님 누구도 장례에 참석지 못하게 했습니다. 관 속의 어머니 가슴에 그렇게 아끼시던 염주를 놓아드린 것 외에 일연스님은 아무 말씀도 아무 움직임도 없으셨습니다.

절 가까운 곳에 어머니 무덤을 만들고 이불을 덮듯 흙과 풀을 덮을 때에도 조용히 염불만 하셨습니다. 그 모든 일을 마치자 스님은 인각사로 돌아오셨습니다. 열흘이 가까운 시간 동안 누워 계시던 일연스님은 몸을 추스르고 나서도 어머니를 위한 천도재[38]를 지낼 때를 제외하곤 방에서 나오지 않으셨습니다. 일연스님 계실 암자에 그릴 벽화를 위해 민들레며 은행잎이며, 단풍잎 등을 따다 물감 만드는 일에 골몰하던 든금을 부르신 것은 49재가 모두 끝나고 나서도 며칠이나 지난 후였습니다.

"잠깐 나가자꾸나."

"괜찮으시겠습니까?"

"멀리 가는 일이 아니다. 잠깐이라도 가을볕을 쬐어야 내 남은 일을 끝낼 힘을 얻을 것 아니냐."

이제 일연스님도 하루가 다르게 쇠약해지고 계셨습니다. 가까운 거리를 걸으실 때도 반드시 든금의 도움이 필요했습니다. 그동안 여러 일로 끝맺음 되지 못하던 고구려, 백제, 신라 세 나라 이야기를 담은 책을 이제 손에서 놓으려 하시는 듯했습니다.

무극스님은 예전보다 더 자주 인각사에 들르셨지만 머무는 시간은 길지 않았습니다. 무언가 책을 들고 와 스님께 여쭙고는 바로 돌아가곤 했습니다. 든금은 그 내용을 자세히 알 수는 없었지만, 그 책이 끝나지 않기를 간절히 바랐습니다. 그 책이 끝나면 일연스님과의 인연도 끝날 것 같았기 때문이었습니다.

"큰스님, 한 가지 여쭈어 보아도 되겠습니까?"

"그럼."

"무극스님이 들고 오시는 책 말입니다. 언제쯤 끝이 나겠습니까?"

"《삼국유사》 말이구나. 곧 끝이 나겠지."

"제목이 그러하다는 건 오늘 처음으로 알았습니다. 그런데 고구려, 백제, 신라라 하면 이젠 아주 먼 옛이야기들인데 어찌 그것에 그렇게 힘을 기울이십니까? 저는 그냥 스님이 편안하게 쉬셨으면 하는 바람뿐입니다."

"든금아, 지나간 시간이라는 것이 말이다. 어떻게든 잊어야 할 것도 있지만, 꼭 기억해야 할 것도 있는 법이다. 지나간 일을 잊어도 될 때가 있고 반드시 갖고 있어야 할 때도 있다. 지금이 바로 우리 고려가 지난 삼국의 일을, 아니 더 멀리 올라가 하늘의 뜻을 받아 하늘의 사람들이 우리의 조상이 된 일을 기억해야 할 때이다. 우리가 이렇게 다른 나라에 비참하게 짓밟히고 있어도 언젠가는 다시 일어나는 힘이 있다는 걸, 그 힘이 아주 먼 옛날부터 우리에게 있었단 증거를 위해서라도 꼭 우리의 옛이야기들은 필요한 것이지. 그게 내가 몸

담았던 이 나라를 위해서 해야 할 일 아니겠느냐? 좋은 세상을 만들기 위해 목숨까지 바친 내 아버지 같은 분들을 위해서라도 꼭 필요한 일 아니겠느냐?"

"큰스님의 아버님이라 하시면……."

"그렇다. 내 어머니의 지아비이시자 나를 낳게 하신 분이다."

"아버님이 어떤 일을 하셨길래 그러십니까?"

"내 나이 아홉에 돌아가셨으니 이제는 그분의 목소리도 모습도 가물가물 하다만 사랑이 참으로 크셨다는 건 분명하다. 나와 어머니 말고도 이웃과 낮은 사람들에게 어쩌면 더 큰 정을 쏟은 분이셨지. 그래서 결국 목숨마저 잃으시고. 갑작스레 홀로 남겨진 어머니는 나를 열 살도 되기 전에 해양 땅 무량사로 떠나 보내셔야 했고. 그렇게 헤어진 어머니를 70년 만에 모시게 되었는데…… 참으로 허망하구나. 참으로 헛되구나. 사람의 인연이라는 것이, 살아가는 모든 것이 말이다.

그러나 또 달리 생각해 보면 그 인연으로 내가 부처님 모시고 한평생을 살 수 있었으니 복이라 할 수 있지 않겠느냐? 예전 진정 법사라는 분의 어머니는 효도를 다한 후에 불도를 공부하겠다는 아들에게 만나기 어려운 부처님 법을 너무나 짧은 인생에서 만났으니 당장이라도 출가하는 것이 어머니를 지옥에 빠뜨리지 않는 것이라 하셨다는데[39] 내 진정법사처럼 훌륭히 도를 이루지는 못하였으나 그분

못지않게 훌륭한 어머니를 두었다는 것은 분명하구나."

일연스님을 부축하고 걷는 길은 더뎠습니다. 센 바람이 멈추지 않는 산에는 오르지 못하고 햇볕을 따라 산 밑 길을 걷는 데에도 스님은 자주 멈추셨고, 그때에만 이야기를 하셨습니다.

일연스님이 걱정돼서 시작한 질문이 오히려 괴롭히는 것은 아닌가 하는 생각에 든금이 입을 다물려 할 때 갑자기 어디선가 밀잠자리 한 마리가 툭 발밑에 떨어졌습니다. 먹이를 잡으려 내려앉는 것이 아니었습니다. 큼지막한 그 밀잠자리는 날갯짓도 없이 머리부터 처박혀 떨어지더니 꼼짝도 하지 않았습니다.

"한 생명이 또 스러지는구나. 나무아미타불……."

"잠자리가 죽어 개미들의 먹이가 되면 그 또한 뭇 생명을 살리는 일이 아니겠습니까? 그렇게 다른 생명을 낳는 밑거름이 되는 죽음을 어찌 슬퍼만 하겠습니까? 그것이 끝없는 윤회 속에서 생명이 해야 할 마땅한 일이라 배웠습니다."

"그렇지. 우리 든금이가 그림만 열심히 그리는 줄 알았더니 공부도 열심히 하였구나. 허허."

"과분한 칭찬이십니다. 큰스님."

"그런데 든금아, 윤회라는 것이 말이다. 죽는다는 것에만 눈을 맞추면 안 되는 것이다. 살아서 어떤 좋은 일을 지었는가, 살아서 어떤 업보를 쌓았는가가 다음 생을 결정하는 것이니 생전의 일이 더욱 중요한 법이다."

　"그렇다면 큰스님은 많은 덕을 쌓아 오셨으니 다음의 생에서 더욱 좋은 몸을 받으실 겁니다."

　"과연 그러할까? 나는 가끔 내 악업들이 또 다른 악연을 만들지는 않을까 걱정스러울 때가 있다. 해서 지은 악업과 하지 않아서 지은 악업 말이다."

　"그게 무슨 말씀이십니까? 스님."

　"해서 지은 악업은《삼국유사》겠지. 이 땅에서 벌어졌던 견디기 어려운 참상을 보면서 죄 없이 고통받는 사람들을 돕고자 하는 한 방편으로 그토록 애써 모아 뼈를 깎고 살을 붙여 만든 이야기들이 혹시 내 입맛에만 맞는 이야기들은 아니었는지, 오히려 부처님 빛을 감추는 거짓은 아니었는지 두려울 때가 있다는 말이지. 내가 그 얘기들을 통해 말하려 했던 것들을 스스로 지키며 살았는지도 의문이고. 무엇보다 노년에 팔과 다리가 되어 주었던 가초와 생동, 그리고 너에게 정작 도움이 되었을까 하는 생각에는 목이 움츠러들기도 한단다."

　"당치도 않으십니다. 큰스님. 제 비록 글에 눈 밝지 않아《삼국유사》의 모든 뜻과 모양을 헤아리지 못한다 하더라도 저희에게 주셨던 말씀 중에서, 대중과 나누셨던 설법 중에서 드러난 그 이야기들의 정신을 어찌 모르겠습니까?

미천한 저에게는 살아갈 힘이 되었고, 상처가 깊었던 생동에게는 따끔한 침이 되었으며, 길을 잃었던 가초에게는 등불이 되어 준 이야기들입니다. 어찌 저희뿐이겠습니까? 위로는 임금에서부터 멀리는 산속의 도적에 이르기까지 사람들이 걸어온 길을 보이시고 걸어갈 바른길을 또한 가리키신 것이 모두 그 이야기들인데 어찌 그것을 악업으로만 생각하신단 말씀이십니까?"

"이야기라는 것이 자식과 같아서 한번 낳아 놓으면 어떻게 클지 아무도 모르는 법이지. 비록 내가 내 몸으로 자식을 낳아 보지는 못했다 하나《삼국유사》는 말년에 늦게 나은 자식과 같으니 그런 염려에 빠지는 것이 어쩌면 당연한 일 아니겠느냐. 부디 몸을 굽혀 바닥에 힘없이 누운 사람들을 일으키는 자식, 그런 책이 되어야 할 텐데."

"부질없는 걱정이십니다. 큰스님 말씀대로 책이 자식이라면 자식은 어버이를 닮는 것이 당연할 것인데 큰스님 생각이 있는 그 책이 남에게 도움이 되면 되었지 어찌 해가 되겠습니까?

일연스님은 든금의 간곡한 이야기에 어릴 적 그토록 많은 이야기를 해 주시던 아버지와 자식을 위해 그렇게 억척스럽게 삶을 살아낸 어머니가 떠올랐습니다. '곧 뵙겠지요…….'

"하지 않아서 지은 죄는 내 부모님께 지은 죄다. 옛날 향득이란 사람은 흉년에 아버지가 거의 굶어 죽게 되자 자신의 허벅지 살을 베어 아버지를 구했다 하는데, 나는 이 끔찍한 전쟁 속에서 한 번도 어머니를 제대로 모신 적이 없으니 어찌 큰 죄라 하지 않겠느냐. 또 있다. 손순이란 사람은 어린 자식이 늙으신 어머니의 밥을 빼앗아 먹자 아이를 땅에 묻으려고 하기까지 했다는데 나는 자식도 없거니와 빼앗길 만한 밥을 차려 드린 적도 없으니 이 또한 큰 죄가 아니겠느냐?[40]"

"불가의 스님들이 모두 그러할 터인데 어찌 그것이 큰스님만의 허물이라 하겠습니까?"

"그건 변명이 될 수 없구나. 속세의 인연을 끊는 것과 부모의 은혜를 잊지 않는 것은 다른 일이니 나는 그러한 점에서 참으로 마음의 짐이 무겁구나. 송나라의 진존숙이란 스님께서는 출가한 이후에도 어머니 생각에 고향으로 돌아와 밤새 짚신을 짜 늙으신 어머니를 모셨다 하는데 이 얼마나 아름다운 일이냐. 지금에서야 생각해 보면 내 여러 사정으로 어머니 곁으로 돌아오길 미룬 것이 참으로 한스럽구나. 이제 나도 곧 이 세상의 인연을 다하고 어머니를 뵈러 갈 때가 올 것이니 그때가 되면 든금이 너도 나중에 한이 남지 않도록 네 부모의 소식을 알아보도록 해라."

개경에서 모시고 내려올 때부터 든금은 일연스님이 부럽기만 했습니다. 늦게라도 어머니를 만나 뵙고 모시게 된 일연스님이 전쟁터에서 소식이 끊겨 언제 만날지 기약이 없는 자신에 비하면 훨씬 큰 복을 받은 듯했습니다. 더불어 자신의 부모에 대해선 그동안 별로 큰마음을 두시지 않는 듯해서 조금은 야속하기도 했습니다. 그러나 이제 어머니를 그리워하는 일연스님의 마음이 자신에게도 미치고 있음을 알게 되면서 든금은 일연스님께 품었던 생각이 부끄러워졌습니다. 왠지 모를 희망이 생기는 것 같기도 했습니다.

"아, 그리고 진정스님의 이야기를 마저 해 주마. 그분께서 어머니의 높으신 바람으로 집을 떠난 후 태백산에 계시던 의상스님의 제자가 된 지 3년 만에 그 어머니가 돌아가셨다 한다. 그 소식을 듣자 진정스님은 7일간 깊은 참선에 빠지셨는데 스승이신 의상스님은 참선이 끝난 진정스님에게 그동안의 사정을 듣고 제자 3천 명을 모아 90일간이나 화엄경을 강론하셨다 한다. 모든 강론이 끝난 밤, 진정스님의 꿈에 어머니가 찾아오시더니 '나는 벌써 하늘에서 새롭게 태어났다.' 하셨다지.

내 어머니와 아버지를 하늘에서 살아가시게 하기 위해서라도, 이 땅에 백성을 위해서라도 그처럼 내 것을 나누어 제자를 기르고 글을 남기는 것이 내 마지막 일이 아니겠느냐? 그러니 든금이 너는 얼마 남지 않은 내 마지막까지 옆에서 나를 좀 도우려무나."

멈추어 말씀하시고 다시 걷고 하는 사이에 벌써 절 앞에 이르렀습니다. 일연스님 말씀대로 멀지 않은 길이었지만 시간은 빨라 머리 위에 있던 해가 벌써 서쪽 산에 닿으려 하고 있었습니다.

일주문 앞에서 다시 발걸음을 멈추신 일연스님은 노을이 지는 서쪽 하늘을 한참이나 바라보셨습니다. 서방 정토[41]가 있다는 해 지는 쪽. 그 먼 곳에서부터 스님을 맞으러 달려온 붉은빛에 비친 노 스님의 얼굴은 마지막 생을 불태우려는 촛불처럼 붉게 빛나고 있었습니다. 남겨진 시간에 쫓기어 허둥대는 모습이 아닌 정해진 시간을 헤아릴 수 있는 사람의 담담한 표정이 배어 나오고 있었습니다.

"나무아미타불, 나무아미타불."

일연스님은 천천히 몸을 돌려 어머니의 무덤 쪽을 향한 후 허리를 굽혀 오래오래 염불을 외웠습니다.

[38] 薦度齋. 돌아가신 분들이 극락에 이르기를 비는 불교 의식.
[39] 《삼국유사》 권5, 〈효선(孝善)제9〉 편에 나오는 이야기.
[40] 《삼국유사》 권5, 〈효선(孝善)제9〉 편에 나오는 이야기.
[41] 불교에서 부처와 보살들이 산다는 깨끗한 세상을 이르는 말. 흔히 극락(極樂) 이라고 부르는 곳은 정토 중에서도 서방 정토에 해당한다. 서방(西方) 정토(淨土)는 아미타불이 다스리는 곳으로 죽어서 극락에 이르기를 바라는 의미로 '나무 아미타불' 을 외우곤 한다.

일연유사(一然遺事)
일연스님, 이야기를 남기고 세상을 떠나다

책을 들고 오시는 무극스님의 발걸음은 점점 뜸해졌습니다. 많은 책을 가져오시지도 않았습니다. 단출한 무극스님의 바랑에는 두세 권의 책만 들어 있음을 눈짐작만으로도 알 수 있었습니다. 무극스님이 오고 가는 사이 조정에서는 계속해서 스님 계실 절을 더 넓고 크게 고친다 하여 사람들을 보내와 한참이나 부산을 떨었습니다.

든금도 그 덕분에 절 곳곳에 그림 그릴 일이 많아져 스님 곁을 떠나 바쁘게 일에 매달렸습니다. 인각사는 하루가 다르게 번듯해져 갔고 왕이 특별히 내려 준 많은 토지 덕분에 살림살이도 한결 여유로워 졌습니다. 예전 같으면 그 모든 일을 달가워하지 않았을 일연스님은 웬일인지 이번에는 아무 말씀 없이 그들이 하는 일을 내버려 두었습니다.

대신 절이 커지고 사람들이 들어설 자리가 많이 생기자 일연스님은 온 나라의 선승들을 한 자리에 모으는 구산문도회를 두 번이나 여셨습니다.

구산선문의 시초가 되는 지리산 실상사의 실상산문을 비롯해 장흥 가지산의 보림사를 중심으로 하는 가지산문, 곡성 동리산 태안사에서 일어난 동리산문, 문경 희양산 봉암사에서 꽃핀 희양산문, 창원 봉림산 봉림사에서 날개를 편 봉림산문, 보령 성주산 성주사의 거룩한 성주산문, 강릉 사굴산 굴산사에서 다져진 사굴산문, 영월 사자산 흥녕사의 기세가 넘치는 사자산문, 해주 수미산 광조사가 높게 빛을 내는 수미산문. 이 고려 선종을 이끄는 아홉의 선문을 대표하는 스님들은 저마다 말씨도 다르고 입성도 달랐지만, 눈빛이 매우 빛나는 것은 모두 같았습니다.

참으로 장엄하고 위엄 있는 그 자리에 스님들은 물론 일연스님의 법문을 듣고 싶어하는 수많은 사람이 구름 떼처럼 모여들었습니다. 든금은 손님들을 맞이하고 법회를 준비하는 정신없는 가운데에서도 그동안 일연스님을 따라다니면서 알게 된 몇몇 스님들을 반갑게 만날 수 있었습니다. 그 스님들을 통해 여러 사람의 소식을 전해 들을 수도 있었습니다.

물론 제일 반가운 것은 생동이었습니다. 생동은 두 번 모두 왕의 축하를 전하는 사절의 하급 무관으로 만날 수 있었습니다. 생동은 갑옷을 입고 칼을 차고 있는 군인이었으나 한결 살갑고 누그러진 눈빛으로 든금의 손을 쥐었습니다. 하지만 그 반가운 사람과 이야기들 속에서 가초의 소식은 누구에게도 들려오지 않았습니다.

일연스님은 구산문도회에서 불법의 진리와 그 핵심을 누구라도 알아들을 수 있게 설명하셨습니다.《삼국유사》의 많은 이야기가 꺼내어져 때로는 사람들을 웃기기도 울리게도 하였습니다.

눈빛은 온화하고 입가에는 따뜻한 웃음이 떠나지 않았지만, 음성은 단단했고 한 마디 한 마디에 힘을 주셨습니다. 그 자리에 모인 모든 승려와 속인들은 언제 다시 들을 수 있을지 알 수 없는 일연스님의 말씀 하나하나에 귀를 기울였습니다.

구름처럼 모인 사람들이 바람처럼 흩어진 뒤에도 남아 계신 일연스님은 오래 누워 계시거나 법회를 거르는 일이 없으셨습니다. 하루 반나절은 꼭 허리를 펴시고 무언가를 쓰는 일에 골몰하셨고 그렇게 쓴 것들은 모였다가 무극스님에게 전해졌습니다.

어느 날 무극스님이 정성스레 비단 보자기에 싸 보낸 책들을 한참이나 보시던 일연스님은 그 책들에 작은 편지를 더해 무극스님에게 돌려보내시곤 글 쓰는 일을 멈추셨습니다.

일이 떠나자 곧 병은 들이닥쳤고 일연스님은 다시 일어나지 못하셨습니다. 무언가를 예감하신듯 힘든 몸을 일으켜 개경의 임금에게 긴 편지를 보내신 다음 날, 일연스님은 새벽같이 일어나 깨끗이 몸을 닦고 든금을 비롯해 인각사에서 공부하던 모든 스님을 선법당에 불러 모으셨습니다.

"내 이제 떠날 때가 되었구나."

"아닙니다, 큰스님. 아닙니다."

"아니라고? 그럼 좋다. 너희가 내 마지막에 묻고 싶은 것이 많은 모양이로구나. 옷에 먼지를 털듯 나 역시 줄 것을 주어야 발걸음이 가볍겠구나. 어젯밤에 하늘의 사자가 내려와 내 마지막과 그 이후를 보여 주었으니 이젠 돌이킬 수 없는 길. 무엇이 궁금한가?"

"부처께서도 돌아가시고, 지금 큰스님께서도 돌아가신다 하니 서로 많고 적음을 버리셨는지 의심스럽습니다."

"이미 많고 적음을 떠난 지 오래되었다."

든금으로서는 잘 알아들을 수 없는 선문답이 이어졌습니다.

"큰스님께서 백 년 뒤에 무엇을 바라십니까?"

"이와 같은 일을 쉽게 되는 것이겠지."

"큰스님께서 세상에 계셔도 없는 듯하셨고 몸을 돌보기를 몸이 없는 것과 같이하셨으니 계속 세상에 머물러 불법의 큰 바퀴를 굴리는 일에 무슨 방해가 되겠습니까?"

"곳곳마다 부처님 일을 할 것이다."

알 수 없는 스님들의 질문과 알 수 없는 일연스님의 대답이 오고 가는 일이 멈추자 일연스님은 마지막으로 쥐고 계시던 큰 지팡이를 내리치시며 말씀하셨습니다.

"이것이 아픈가?"

아무 대답이 없는 가운데 일연스님은 지팡이를 높게 들어 또 한 번 내리치셨습니다.

"이것이 아픈가, 아프지 아니 한가 시험 삼아 구별하여 보아라."

그 쏘는 듯한 눈에 법당 안의 수많은 스님이 고개를 조아리자 일연스님은 조용히 눈길을 거두고 마지막 말씀을 들려 주셨습니다.

좋았던 한때는 내 몸에 잠깐 머물다가고 快適須臾意己閑

어둠에 묻힌 몸은 덧없이 늙었구나 暗從愁裏老蒼顏

한 끼 밥 짓는 시간을 더 기다려 무엇하겠는가 不須更待黃粱熟

나 이제 사람의 한 생이 꿈인 줄 알았노라 方悟勞生一夢間

일연스님은 조용히 자리에서 일어나셨습니다. 곁에 있던 든금이 부축하려 하자 일연스님은 손을 들어 그만두라 하셨습니다. 천천히 법석을 내려와 처소로 향하는 발걸음을 든금은 뒤에서 어찌지 못하고 따라가고 있었습니다. 일연스님의 해진 버선 뒤꿈치를 따라 속절없이 눈물을 방울방울 떨어뜨리며 따르고 있었습니다. 일연스님은 방 앞에 이르자 든금을 돌아보셨습니다. 아무 말씀 없이 든금의 어깨를 쥐던 손이 느리게 올라와 든금의 눈물을 닦아 주시더니 방에 들어가 문을 닫으셨습니다. 일연스님의 마지막 모습이었습니다.

많은 사람이 모였습니다.

많은 사람이 울었습니다.

스님을 태우는 불길은 삼 일이 지나도록 꺼지지 않았습니다.

누구는 큰 별이 일연스님의 방으로 떨어지는 것을 보았다 했고, 어떤 사람은 일연스님 처소에서 큰 빛이 치솟아 구름이 되어 하늘로 사라지는 것을 보았다고도 했습니다.

든금은 사흘 동안 불길 옆을 떠나지 않았습니다. 이틀째 되는 날 도착한 생동도 마지막까지 든금과 불길을 지켰습니다. 불길 역시 사람의 생처럼 작게 시작하여 온 하늘을 연기로 덮겠다는 듯 맹렬히 그 몸을 사르더니 이젠 작은 숯불로 남았습니다. 그 숯마저 마지막 빛을 거두자 스님의 사리를 수습하는 일이 시작되었습니다. 일연스님 생전 가장 가까이에서 마지막을 함께했던 든금에게 그 일이 주어졌습니다.

검은 숯을 하나씩 헤치고 나자 스님 누우셨던 자리에선 재 하나 묻지 않은 사리들이 하나둘씩 모습을 나타냈습니다. 낯익은 모습의 그 사리들을 든금은 단번에 알아보았습니다.

만파식적을 말하듯 피리 모양의 사리, 중생사의 글을 읽지 못하는 점숭스님이 그토록 정성을 쏟은 향로 모양의 사리, 수달을 닮은 사리, 꽃 모양의 사리, 조신의 눈물을 닮은 사리, 관기와 도성스님이 살았다는 포산의 봉우리를 닮은 사리까지. 그 모든 사리는 일연스님이 생전에 해 주시던 얘기를, 그래서 늘 스님 옆에 머물다 어머니 무덤에 들어간 염주와 똑같은 모양의 사리들이었습니다.

든금은 문득 스님이 생전에 남기셨다는 책 속의 이야기가 무엇인지 보지 않고도 알 수 있을 것 같았습니다. 몇 번이나 숯을 뒤져 더는 남은 사리가 없다는 것을 확인하고 비단 주머니에 곱게 싸 들어 올린 사리들을 뒤에 있던 생동이 바라보고 있었습니다.

든금은 이 사리들을 가초가 보았으면 얼마나 좋았을까 하다가 바로 생각을 고쳤습니다. 어느 하늘 밑에서 자신과 맞서며 거친 길을 가고 있는 가초는 이미 스님의 생각을, 스님의 마음을 알고 있을 거라는 생각 때문이었습니다. 별마저 모습을 감춘 어두운 하늘에 다시 별을 심으려는 듯 든금은 일연스님의 사리를 높게 들어 올렸습니다.

부록

《삼국유사》는 1281년경 고려 시대 일연스님이 편찬한 책입니다. 이때 일연스님의 나이는 일흔이 훨씬 넘었기 때문에 젊은 시절 스님의 경험과 지식이 집대성된 것으로 보입니다. 이 책에는 우리나라 삼국 시대의 역사뿐만 아니라 당시의 미술, 문학, 종교, 지리, 언어 등을 아우르는 폭넓은 자료와 사상이 담겨 있어 우리 역사를 이해하고자 하는 사람이면 누구나 한 번은 꼭 읽어야 할 귀중한 문화유산이기도 합니다.

《삼국유사》는 5권 2책의 구성으로 되어 있는데, 현대 개념으로 살펴보자면 내용상 다섯 부분으로 나뉘면서 두 권의 책으로 이루어졌다는 말입니다. 다섯 부분의 내용은 다음과 같습니다.

●권1- 기이1(紀異一)

고구려·백제·신라·가야·후고구려·후백제의 연표를 다룬 왕력(王歷)과 고조선부터의 역사적 사건들이 담겨 있습니다.

●권2- 기이2(紀異二)

'기이1'의 내용이 더욱 넓게 펼쳐집니다.

●권3- 흥법(興法), 탑상(塔像)

삼국 시대 불교가 들어와 뿌리내리는 과정이 '흥법'에 담겨 있고, '탑상'

에는 탑과 불상을 다룬 내용이 담겨 있습니다.

●권4 - 의해(義解)

신라를 빛내던 큰스님들의 삶이 쓰여 있습니다.

●권5 - 신주(神呪), 감통(感通), 피은(避隱), 효선(孝善)

놀랍고 신기한 일을 펼치던 밀교 스님들에 관한 이야기인 '신주', 불교를 통해 하늘과 통하는 이야기를 담은 '감통', 복잡한 세상을 떠나 깨달음을 얻으려 했던 인물들의 이야기인 '피은', 부모에 대한 효도와 선행을 다룬 '효선'으로 구성돼 있습니다.

《삼국유사》가 지니고 있는 역사적 의의는 김부식이 지은 《삼국사기(三國史記)》와 비교하면 더욱 명확해지는데 일단 그 제목에 담긴 사(事)와 사(史)의 차이에서 알 수 있습니다.

즉, 《삼국사기》가 왕의 명령에 따라 엄격하고 정확한 틀 안에서 역사책이 가져야 하는 모범에 충실하면서 유교적 가치관에 따라 쓰였다고 한다면, 《삼국유사》는 일연스님의 자유로운 선택의 영향을 받았습니다. 일연스님이 찾아낸 여러 이야기가 담기면서 우리 민족의 뿌리라고 할 단군부터 사회적으로 천대받고 있던 사람들까지 주인공으로 등장해 《삼국사기》 하나로는 알 수 없었던, 당시 사람들의 생생한 삶을 구석구석 보여 주고 있습니다.

그 말은 곧《삼국유사》가 스님이 갖고 있었던 불교적 시각에서 무신정권과 몽골의 침략에 시달리던 고려 사람들에 대한 애정과 위기에 처해 있는 국가 공동체에 대한 위로를 담고 있는 책이라는 뜻이기도 합니다.

《삼국유사》는 책 자체로서 기구한 운명을 겪게 되는데 일연스님이 돌아가신 후 한참 후인 1310년대에야 비로소 목판본으로 묶여 세상의 빛을 보게 되었습니다. 그 후 유교가 득세하던 조선 시대에는 거의 사라질 뻔하다가 일제강점기에 와서야 그 진가가 알려지게 됩니다.

현대에 이르러서는《삼국유사》가 가진 역사적 가치를 뛰어넘어, 시공간을 넘나드는 환상적인 이야기, 다양한 인물들의 상상력을 자극하는 진실한 삶이 보여 주는 가치 때문에 한국 사람이면 누구나 읽어야 할 책으로 평가받고 있습니다.

1170년 고려 문신들의 향락과 차별에 반발해 무기를 들고 일어선 정중부 등의 무신들은 수많은 피를 뿌리며 권력을 장악하였으나 본디 백성에 대한 애정이나 국가에 대한 염려에서 시작된 정변(政變)이 아니었기 때문에 그들의 등장은 고려 백성에겐 또 하나의 시련이 되었다. 무신들은 권력을 유지하고 계승하는 데 혈안이 되어 경대승, 이의민, 최충헌으로 이어지는 무신정권 기간 자기들끼리 죽고 죽이는 싸움이 그치지 않았고 그 과정에서 권력을 잡은 자는 왕들을 허수아비로 세워둔 채 농민들의 토지를 약탈하고 가혹한 세금을 거두어 갔다. 그뿐만 아니라 토지를 잃고 노비로 전락한 농민들은 그들의 권력 다툼에 동원되어 원하지 않는 무기를 들고 헛되이 목숨을 잃는 경우도 부지기수였다.

무신정권의 수탈과 폭력에 고려 농민들은 전국 곳곳에서 저항하게 되는데 1176년 공주 명학소에서 일어난 망이·망소이의 난 이후 크게 번지게 되어 1182년 충청도의 관성과 부성에서 일어난 농민 반란, 전주에서 시작된 군인과 관노의 반란이 뒤를 이었다. 1193년에 시작된 경상도 일대의 반란은 그 규모가 매우 커 운문의 김사미(金沙彌), 초전의 효심(孝心)은 서로 연합하여 경상도 대부분 지역에 그 세력을 넓히기도 하였으며 1199년 강릉에서 일어난 민란은 삼척·울진까지 함락하여 경주에서 일어난 세력과 연합하기도 하였다. 그 밖의 진주 공사노비의 반란, 합천 부곡민의 반란, 1202년의 경주를 중심으로 한 민란 등도 신라 부흥을 외칠 만큼 그 세력이 무신정권을 위협할 정도였다.

이러한 농민들의 저항 외에도 최충헌의 노비였던 만적은 신분 해방을 부르짖으며 반란을 시도하여 무신 집권자들에게 큰 충격을 안겨 주었다. 그러나 이들 모두는 무신정권의 강력하고 무자비한 진압으로 희생되었다.

고려는 최충헌이 죽고 그 아들 최우가 독재 정치를 더욱 강화하는 가운데 1231년 몽골의 침략을 받게 되어 다시 고통의 시대로 접어들게 되었다. 일단 강화를 맺은 최씨 정권은 몽골이 요구한 막대한 물건들과 어린 남자아이들과 처녀, 기술자들까지 보내게 되어 전국 곳곳에서 울지 않는 집이 없을 정도였다. 무리한 요구를 견디다 못한 최우는 1232년 강화도로 수도를 옮긴 가운데 1258년 최씨 무신 정권이 무너질 때까지 전쟁을 계속하였지만, 정부가 떠난 버린 국토는 몽골의 말발굽 아래 철저히 유린당하였고 황룡사 9층 탑을 비롯한 수많은 문화재가 불 속에 사라졌다. 1254년 한 해에만 20만 명이 넘는 고려인들이 끌려갔고 강화도로 정부가 옮긴 이후 고려의 정식 군대는 한 번도 몽골의 정규군과 전투를 벌인 적이 없이 강화도에서 권력자를 지킬 뿐이었다. 그나마 승리는 백성만의 처절한 희생 위에 이루어졌다.

결국, 고려는 굴욕적인 조건 속에서 몽골과 강화를 맺어야 했는데 몽골은 일본 정벌에 고려를 동원하면서 그 피해가 다시 고스란히 백성에게 돌아가게 되었다. 1274년 제1차 원정과 1281년의 제2차 원정 모두 태풍으로 실패하였고 식량과 배를 비롯한 무기, 병력을 제공해야 했던 고려는 회복하기 어려운 정도의 피해를 받아야 했다. 먹을 것이 없어 사람을 먹는다는 흉흉한 소문이 떠돌았고 다친 자는 약이 없어 썩어가는 몸을 그냥 두고 볼 수밖에 없었다. 그러나 몽골의 요구는 계속되어 공녀라는 이름으로 수천 명의 어린 소녀들이 부모와 헤어져 끌려가야 했고 금, 은, 약재는 물론 사냥을 위한 매까지 바치라는 요구에 고려의 백성은 하루하루를 지옥과 같이 보내야 했다.

● 1206

지금의 경상북도 경산 지역에서 태어났다. 어릴 적 이름은
김견명(金見明)이었으며, 어머니가 햇빛을 온몸으로 받는 꿈을 꾸었다
해서 붙여진 이름이었다. 경산은 일연스님이 태어나기 얼마 전 일어났던
김사미·효심의 난의 중심 지역인 청도, 관노비들이 관청의 값나가는 그릇들을
훔쳐 반란 세력과 합세한 밀양과 가까운 지역이었다.

● 1214

한반도의 남부를 가로질러 해양(海陽: 지금의 광주광역시)에 있던
무량사(無量寺)로 떠나 학문을 익히게 된다. 이때 아홉 살의 나이로 어머니와
헤어진 일연스님은 이때로부터 70년이 지나서야 아흔여섯 살의 어머니를
가까이에서 모시게 된다.

● 1219

다시 국토를 대각선으로 가로질러 설악산 진전사(陳田寺)로 출가하여 대웅(大雄)
스님의 제자가 되어 본격적인 스님의 길로 접어들게 된다. 이후 스님은 출가한
진전사에서만 머물지 않고 진리를 구하기 위해 신라 때부터 형성된 선종의 아홉
절을 방문하는데, 그 지혜가 깊고 부처님 법에 밝아 아홉 절의 뛰어난 네 분의
스님 중 으뜸으로 칭송되었다. 견명이 일연이 되던 이해에 고려 무신 정권기를
대표하는 최충헌이 일흔한 살의 나이로 사망한다.

● 1227

고려의 과거 시험 중 하나인 승과의 선불장(選佛場)에서 장원 급제한 후, 현재의 대구광역시 달성군에 있는 비슬산(琵瑟山)의 보당암(寶幢庵)으로 거처를 옮겨 오랫동안 참선에 몰두하였다.

● 1236

몽골이 세 번째로 고려를 침입해 오자 문수보살의 계시를 받아 보당암의 북쪽 무주암으로 옮겨 깨달음에 이르렀다는 이야기가 전해져 온다. 고려는 이해에 '대장도감(大藏都監)'을 설치하고 팔만대장경을 만들기 시작한다.

● 1249

남해의 정림사(定林寺) 주지로 3년여의 세월 동안 대장경 만드는 일에 몰두하였다.

● 1256

전라남도 해남의 두륜산 길상암(吉祥庵)에 머물면서 선종의 사상과 국가공동체 사상을 연결한 《중편조동오위(重編曹洞五位)》 2권을 지었다. 일연스님은 80여 권의 책을 지었다고 전해지지만 거의 사라지고 《삼국유사》와 더불어 이 책만이 현재까지 전해져 온다.

● 1259

대선사(大禪師)가 되었다.

● 1261

충렬왕의 아버지인 원종의 요청에 따라 몽골과의 전쟁을 피해 고려 정부가 옮겨 있던 강화도의 선월사(禪月寺)로 가서 왕과 신하들에게 설법을 베풀었다.

● 1264

경상북도 영일군 운제산(雲梯山) 오어사(吾魚寺), 비슬산 인홍사(仁弘寺)의 주지가 되어 젊은 스님을 가르쳤다.

● 1274

인홍사의 주지로 머물며 절을 고치려 하자 원종은 절 이름을 '인흥(仁興)'으로 바꾸고 그 이름을 직접 써 하사하였다. 또한 비슬산 동쪽에 있던 용천사(湧泉寺)란 절을 새로 단장하고 불일사(佛日寺)로 이름을 바꾼 뒤 〈불일결사문(佛日結社文)〉이란 글을 지었다.

● 1277

이때부터 1281년까지 경상북도 청도군 운문사(雲門寺)에서 선종의 기풍을 크게 일으켰다. 《삼국유사》를 쓰기 시작한 때로 추정되고 있다.

● 1281

일본을 정벌하기 위한 동정군(東征軍)을 지원하라는 원의 압력에 따라 경주로 내려온 충렬왕을 만나러 가, 왕 주변에서 관직까지 사고파는 불교계의 타락과 불탄 황룡사를 직접 보게 된다. 동정군은 일본에 이르러 태풍을 만나 14만여 명에 이르는 인원 중 3만여 명만이 살아서 돌아왔다.

● 1282

개경의 광명사(廣明寺)에 머물면서 충렬왕에게 선종의 여러 가르침을 전하게 된다.

● 1283

흔히 국사(國師)로 일컬어지는 국존(國尊)이 되어 '원경충조(圓經冲照)'라는 호를 받았으며, 궁궐에서 왕이 스스로 옷의 뒷자락을 걷고 올리는 절을 받았다.

● 1284

국존의 지위를 버리고 늙으신 홀어머니를 모시려 경상북도 군위군
인각사(麟角寺)로 내려갔으나 이해에 어머니가 돌아가신다.

● 1289

84세의 나이로 제자들을 불러 마지막 가르침을 전한 뒤 세상을 떠났다.

부록

1. 일연스님의 어릴 적 이름은 무엇이었으며 그 뜻은 무엇일까요?

2. 일연스님이 살아 계시던 때 고려의 백성이 겪은 가장 큰 어려움은

   무엇이었을까요?

3. 《삼국유사》왕력 편의 이야기들을 통해서 일연스님은 무엇을 말하고자 했을까요?

4. 이 책에 나오는 《삼국유사》의 내용 중 욱면의 이야기를 간단히 요약해 봅시다.

5. 몽골의 침략으로 없어진 우리 문화재 중 일연스님이 가장 가슴 아파했던 것은
무엇일까요?

6. 자신이 일연스님이 되어 충렬왕에게 해 주고 싶은 이야기를 써 봅시다.

7. 일연스님이 가초를 만난 이후 사셨던 절의 이름을 차례로 써 봅시다.

8. 〈부모은중경〉의 내용 중 일연스님에게 가장 가슴에 와 닿은 것은 무엇일까요? 또

그 이유는 무엇일까요?

1. 견명(見明). 스님의 어머니가 임신 중에 꿈에서 밝은 햇빛을 온몸에 받고 난 후

   지어진 이름이다.

2. 몽골의 침입. 1231년부터 일곱 차례에 걸쳐 40여 년 간 이어진 여몽전쟁은

   고려의 국토를 전쟁터로 변하게 만들어 백성이 삶의 터전을 잃었다. 당시

   고려 정부는 몽골과의 항전을 외치며 강화도로 천도하여 개성과 별 다름없는

   호화로운 생활을 누리면서 세금까지 걷어가는 상황이었고 피신한 정부 대신,

   국토에 남은 백성 20만여 명이 몽골로 끌려갔다. 전쟁 이후에도 몽골의 간섭은

   80년 넘게 계속되어 일본을 정벌하러 가는 몽골을 지원하라는 압력 속에

   수많은 인명과 재산이 희생되기도 하였으며 공녀라는 핑계로 수많은 여성이

   끌려가기도 하였다.

3. 우리의 조상이 하늘에까지 이어졌음을 알려 당시 몽골의 침략과 지배 속에서

   신음하던 백성에게 긍지를 불어넣기 위함이었다.

4. 여종의 신분으로 염불을 외기 좋아하던 욱면이 주인의 갖은 방해에도 정성을 다해

   부처님을 따르고자 하여 마침내 그 뜻이 하늘에 전해져 부처가 된다.

5. 황룡사 9층 목탑

6. (자유롭게 써 보세요.)

7. 인흥사 – 운문사 – 광명사 – 인각사

8. – 본문 중에서

끝까지 사랑하고 가엾이 여기시는 은혜를 어찌 잊을까.

부모님 그 은혜 깊고도 무겁구나.

사랑하는 그 마음 마르지 않아

앉으나 서나 오직 자식 생각 뿐.

멀리 있거나 가까이 있거나

자식 생각이 떠나지 않으니

어머니 나이 백 살이 되어도

여든 된 자식을 걱정하시네.

– 이유

아홉 살의 나이에 홀로 되신 어머니와 헤어진 일연스님은 70년이 지나서야

아흔여섯 살의 어머니를 가까이에서 모실 수 있게 됐을 정도로 어머니와 오래

헤어져 있었기 때문에.